ISBN 9783839129920
Illustrationen in Farbe

Copyright (2009)
Alle Rechte beim Autor
Cover by Sabine Grimm

Herstellung und Verlag:
Books on Demand GmbH, Norderstedt

„Um ewig einst zu leben,
muss man sich oft
dem Tod ergeben.“

Caspar David Friedrich

Reinkarnation - Denken hört nie auf...

Lebenserinnerungen der Kassandra Kissinger

Sabine Grimm

Schlechte Träume

Es war furchtbar. Ich hatte immer den gleichen Traum, der mir fast die Luft zum Atmen nahm, bis ich nachts schweißgebadet aufwachte. Mein Laken war dann klatschnass geschwitzt und mein Kopfkissen zerknüllt und feucht von Angstschweiß und den Tränen, die ich geweint hatte. Was passierte mit mir? Was träumte ich für schreckliche Sachen?
Ich war lebendig begraben und fand keinen Ausweg aus meiner beengten und erstarrten Situation - und das alles bei vollem Bewusstsein. Ich merkte, wie mir der lebensnotwendige Sauerstoff wegblieb und wie beschwerlich das doch so lebenswichtige Atmen für mich wurde. Ich hatte Gewissheit darüber, dass ich sterben müsste, wenn keine Rettung kam. Immer wieder versuchte ich, um Hilfe zu rufen. Aber ich konnte es nicht, weil ich keine Luft zum Atmen fand. Verzweifelt dachte ich: Bitte, so steh` mir doch jemand bei; warum hilft mir denn keiner? Doch niemand kam. Das Letzte was ich spürte, war ein pochendes Gefühl an meinen Schläfen, das mich immer heftiger peinigte. Ich sah einen schwarzen Punkt, der allmählich kleiner wurde und sich in Licht auflöste.

Ich heiße Kassandra Kissinger und bin dreiundvierzig Jahre alt. Meine Familie und Freunde nennen mich einfach Sandra. Was ich erlebt habe, muss ich einfach aufschreiben. Ich denke, bestimmt interessiert es den einen oder anderen, und derjenige ist gewappnet, falls ihm in seinem Leben etwas Ähnliches wie mir widerfährt. Vielleicht hat aber auch der eine oder andere genau wie ich Erlebnisse durchlitten, bei denen alle Indizien auf Wiedergeburt schließen lassen könnten.

Eines Tages schien sich mein Schicksal zu erfüllen: Ich erstickte bei meinem nächtlichen Kampf. Mein Freund Tim, der bei mir übernachtet hatte, wurde durch mein unregelmäßiges Atmen, das einem Röcheln gleichkam, aufgeweckt. Er entdeckte, dass ich schon blau angelaufen war, rief und rüttelte mich, doch ich zeigte nicht mehr das geringste Lebenszeichen. Tim rief sofort den Notarzt, der mich bewusstlos vorfand. Nachdem ich einen Atem- und Kreislaufstillstand erlitten hatte, stellte der Arzt meinen klinischen Tod fest. Bis er es schaffte, mich zu reanimieren, wobei er mir drei Rippen brach, war ich tatsächlich sieben Minuten tot.

Ehrlich gesagt habe ich früher schon viel über Erlebnisse im Grenzbereich des Todes gelesen. Ich selbst kann leider nicht mit spektakulären Berichten auftrumpfen. Keine Engel haben mich empfangen, und ich habe auch keine angenehme Musik gehört. Das Letzte, an das ich mich vor meinem Ableben erinnere, war dieses unangenehme Gefühl des Drucks auf meine Schläfen. Dann hatte ich plötzlich keine Luft mehr zum Atmen. Ich kann sagen, dass ich mich in dem Augenblick des Erstickens nicht gerade schlecht fühlte. Im Gegenteil, meine vorangegangene Panik war vorbei. Doch wahrscheinlich gaukelten ein paar Glückshormone meinem, im Angesicht des Todes Angst empfindenden, Gehirn vor, dass alles nur halb so schlimm sei. Das war alles. An mehr erinnere ich mich beim besten Willen nicht. Mein Zurückschauen setzt erst wieder ein, als Tim bei mir auf dem Bett saß, sich über mich beugte und mir übers Haar strich. Er weinte und eine seiner Tränen fiel auf meine linke Wange. Nach einer Weile hatte ich ein brennendes Gefühl, genau an der Stelle, an der seine Träne mein Gesicht berührte. Die Haut war kalt, als hätte man Eis auf sie gelegt. In diesem Moment fiel mir das Sprechen sehr schwer. Ich wusste nicht genau, was passiert war und wollte Tim fragen:

Warum weinst du denn nur? Doch meine Zunge gehorchte mir nicht. Ich war wie benommen, als ich den Notarzt sprechen hörte: „Herzlich willkommen zurück im Leben!"
Das war sie also, meine kurze Reise heraus aus diesem Leben an einen unbekannten Ort, der sich mir nicht zu erkennen gab, und wieder zurück in das Hier und Jetzt meines Lebens.

Ich konnte nicht glauben, was geschehen war und fragte mich, ob ich wirklich, ehrlich tot gewesen war, wie der Arzt es behauptete. Ich hätte mich doch an irgendetwas erinnern müssen, dachte ich verständnislos und hörte gar nicht mehr mit dem Grübeln auf. Was war mir passiert? Wer konnte es mir sicher sagen? Hatte ich mich tatsächlich dem Ausgang aus meinem Leben genaht? Was wäre geschehen, wenn man mich nicht zurückgeholt hätte? Niemand kann sagen, wo das eine endet und das andere beginnt.
Es gibt Krankheiten, bei denen ein totaler Stillstand der sichtbaren Lebensfunktionen auf das scheinbare Ende hinweist. Manchmal ist jedoch dieser Stillstand nur eine Pause, die das zeitweise Aussetzen des wunderbaren, physiologischen Mechanismus des Körpers ist. Mein Stillstand dauerte sieben Minuten, bis das Räderwerk meines Lebens wieder in Gang gebracht wurde. Wo aber war meine Seele während dieser Zeit?
War sie etwa auch tot?
Jedenfalls war ich sozusagen ein zweites Mal geboren. Ich war eine Tote, die zurückkehrte, weiß wie mein Bettlaken, auf dem ich lag. Tim sah mich an, als hätte er ein Gespenst vor sich.

Ich kann nicht sagen, dass dieses Erlebnis meiner Nahtodeserfahrung etwas Positives in mir bewirkt hat, dass es sozusagen einen Knoten für mich gelöst hätte, nachdem ich offensichtlich einer anderen Dimension nahe gewesen war. Von anderen, die schon einmal die Grenze überschritten hatten, hörte man, dass sie plötzlich geläutert wurden, ihr Leben von Grund auf änderten und endlich glücklich wurden.

Bei mir war das anders. Ich war nicht sicher, ob ich mich freuen sollte, am Leben geblieben zu sein, denn die schrecklichen Träume kamen wie gewohnt weiterhin zu mir. Nacht für Nacht. Die Abstände wurden kürzer und sie kamen immer öfter.

Bisher hatte ich mich entschieden dagegen gesträubt, mich in psychologische Behandlung zu begeben. Ich dachte, alle würden dann glauben, dass ich verrückt sei. Doch nach diesem letzten Vorfall meines physischen und psychischen Absturzes überredete Tim mich, endlich eine Psychotherapie zu machen. Er schaffte es, mich davon zu überzeugen, dass es zu meinem eigenen Besten sei und dass die Therapie auch unserer Partnerbeziehung gut tun würde. Denn Tim war mittlerweile durch meine nächtlichen Panikattacken ziemlich genervt und verängstigt.

An einem verregneten Dienstagnachmittag lernte ich meinen Therapeuten, Doktor der Psychologie Richard Wessling, kennen. Er war in mittlerem Alter, hatte silbergraue Haare und mit seiner Frisur erinnerte er mich ein wenig an den Physiker Albert Einstein. Ich war sehr aufgeregt, doch meine Unruhe legte sich bald. Die Ruhe und Wärme, die er ausstrahlte, auch die Offenheit, mit der er in meine Augen blickte, nahmen mir die Angst. Er reichte mir seine Hand und ich spürte seinen festen Händedruck. Er war mir sofort sympathisch, so dass ich ziemlich schnell Vertrauen zu ihm fasste. Viele Stunden haben wir zusammen gesessen und geredet. Ich erzählte ihm von meiner Kindheit, meiner Familie, Schulzeit, Ausbildung, meinen sozialen Kontakten und von meinem immer wiederkehrenden Angsttraum, der jedes Mal im Moment des Träumens eine schmerzhafte Realität für mich war, die mich schon beinahe einmal umgebracht hatte.

Nach ein paar Wochen schlug Doktor Wessling vor, dass er bei mir vielleicht mit Hilfe von Trance oder Hypnose ein Ergebnis erzielen könne und dass wir beide gemeinsam eventuell so in Erfahrung bringen würden, was die Ursache meines Problems war. Bevor ich mich dazu entschloss, habe ich mit Tim darüber gesprochen.
Er stimmte unter der Bedingung zu, dass er anwesend sein dürfe. Auch ihm war es wichtig, dass die Ursache meiner Probleme endlich gefunden wurde.

Vor meiner ersten Hypnosesitzung hatte ich beklemmende Angst. Ich hatte schon mal gehört, dass Hypnose bei manchen Menschen Schaden angerichtet hätte. Jedoch beruhigte ich mich mit meiner Überzeugung darüber, dass Doktor Wessling kein Scharlatan war und dass ich ihm wohl vertrauen konnte.

Immerhin wendete er nichts dagegen ein, dass Tim bei der Rückführung dabei sein würde. Als mein Therapeut bot er mir das „Du" als Brücke an, um die Distanz zwischen uns abzubauen. Ich nahm das Angebot gern an und macht mir große Hoffnungen, mich endlich der Lösung meines Problems zu nähern. Was hätte auch schon schlimmer sein können, als das, was mir bereits passierte, als ich sieben Minuten tot war?

Als der Rückführungstag kam, erklärte Richard mir: „Wir wollen nichts erzwingen, sondern deinem Unterbewusstsein die Führung überlassen. Nur das ist sinnvoll, denn so erreichen wir viel intensivere Ergebnisse."
Er erklärte mir, dass er im Moment meiner Rückführung der Impulsgeber sei, der mir gezielt Fragen stellen, und mir Vorschläge unterbreiten werde.
„Ich sorge dafür, dass du dich während der ganzen Zeit wohl fühlst und passe auf, dass du nicht zu stark in unangenehme Begebenheiten eintauchst, damit du darin nicht gefangen bleibst.
Weiterhin werde ich darum bemüht sein, dass unser Fortkommen nicht ins Stocken gerät und dass wir unser gemeinsames Ziel erreichen."
Richards Stimme war ruhig und ich glaubte fest an seine Worte. Dann war es endlich soweit:
Tim drückte meine Hand und flüsterte mir zu: „Ich bin da."
Nach einer kurzen Entspannungsübung ließ ich mich einfach in das Abenteuer meiner ersten Rückführung fallen.
Nach einer Weile fragte mich Richard: „Wie fühlst du dich im Moment?"

„Ich fühle mich angespannt."

„Was fühlst du? Bist du unruhig und nervös? Oder bist du ängstlich im Moment?"

„Nein, Angst habe ich nicht. Ich fühle mich ziemlich angestrengt. Irgendwie bin ich nicht so gut drauf. Ich weiß nicht, warum."

„Atme weiterhin tief."

Ich atmete wohl ziemlich ruhig, glaube ich. Richard Wessling fragte mich immer wieder irgendwas, und ich antwortete ihm ruhig und wahrheitsgetreu, wie ich meinte.

„Wo bist du jetzt?" fragte er und ich antwortete: „Es tut so weh! Ich habe einen brennenden Schmerz in meiner Brust, weil ich meine Liebsten verlassen muss. Ich spüre Tränen in meinen Augen. Sie werden immer mehr. Es tut so schrecklich weh", schluchzte ich.

„Wo bist du? Kannst du mir beschreiben, wo du bist?"

„Ich bin in einem Zimmer. Es ist später Nachmittag, fast Abend. Die Wohnung ist in Parterre und hat zwei große Fenster zur Straße hin. Der Raum ist hell erleuchtet. Ich liege im Bett in der Ecke des Zimmers, bin sehr krank und weiß, dass ich sterben werde. Meine Familie und meine Freunde sind bei mir und um mich herum. Sie alle sind sehr traurig, weil ich sie verlassen werde. Ganz nah an meinem Bett sitzen mein geliebter Freund und meine lieben Eltern. Mein Freund hält meine Hand auf meiner Bettdecke. Wir weinen zusammen."

„Welches Jahr schreibst du?", hörte ich Richards Stimme wie aus der Ferne fragen.

„1963."

„Wie heißt du, und wie alt bist du?", erklang wieder die Stimme meines Therapeuten.

„Ich heiße Florentine Meitinger und bin vierundzwanzig Jahre alt. Alle nennen mich Flori", flüsterte ich.

„Was passiert weiter an dem Ort? Kannst du dich an noch mehr erinnern?"

„Ich sterbe! Ich ersticke und werde sterben! Ich muss alle Menschen, die ich liebe, verlassen. Das tut so unendlich weh!"

„Es ist der Trennungsschmerz, der dir zu schaffen macht. Das ist ganz normal", hörte ich Richard leise zu mir sagen. Laut schluchzend nickte ich.
„Nun sehe ich mich leblos in meinem Bett liegen. Ich verlasse das Zimmer durch das geöffnete Fenster. Jetzt bin ich auf dem Gehweg, schaue in die Ecke des Zimmers und erkenne meinen toten Körper von außen."

„Was geschieht jetzt?" drang Richards Stimme zu mir.

„Ich blicke durch das Fenster auf das Geschehen im Raum. Meine Eltern weinen, mein Freund ruft „Nein!" und beugt sich über mich. Er weint auch. Die anderen stehen stumm oder schluchzend im Raum. Sie trocknen ihre Tränen mit Taschentüchern.
Ich betrachte meinen leblosen Körper, der mir wie ein Stück totes Treibholz vorkommt.
Plötzlich fühle ich mich wie durchs Leben getrieben und im Tode angekommen."

„Was fühlst du noch?"

„Angst. Meine Gedanken...
sie sind negativ. Ich denke: Das war's, mich hat's erwischt. Es kommt nichts mehr. Wenn man tot ist, ist man tot..."

In Schweiß gebadet lag ich auf der Liege und hatte das Gefühl, dass sich das Herz in meiner Brust, schmerzhaft zusammenkrampfte. Ich schluchzte laut und konnte mich gar nicht beruhigen. Richard redete ermutigend auf mich ein und legte seine warme Hand auf mein Brustbein. Nach einer Weile wurde ich ruhiger. Auf seine Frage, ob wieder alles gut sei und wo ich mich jetzt befinden würde, antwortete ich: „Ich bin in meiner neuen Familie angekommen."
Ich sah mich nun nicht mehr als das tote Mädchen von außen. Stattdessen befand ich mich tief in mir und hatte bewusst Gedanken, die mich offensichtlich über den Verlust meiner verlorenen Lieben hinwegtrösten sollten: Ich bin bei meinen Eltern Klaus und Marianne Kissinger. Es geht mir gut...
Dies war das Letzte, was ich auf der Reise während meiner ersten Hypnosesitzung erkannte. Tim hatte über die ganze Zeit meine Hand gehalten.

Ich befand mich wieder im Hier und Jetzt mit einer ganz neuen Erfahrung, die ich nicht einordnen konnte, und mit der ich irgendwie klar kommen musste. Offensichtlich gab es doch so etwas wie ein Leben nach dem Tod, dachte ich verwundert. Schließlich hatte ich es soeben selbst erlebt und Tim hatte, als mein Vertrauter, hautnah alles mitbekommen. Er wirkte absolut erschüttert und erzählte, dass ich überaus starke Gefühle einer wahrhaftigen Liebe mit ihrer heftigen Leidenschaft zeigte, als ich mich von meinen Angehörigen aus der anderen Lebenswelt hatte trennen müssen. Plötzlich war ich von ihm so weit weg wie der Mond. Stattdessen sei ich inniglich nah bei dem anderen Mann gewesen.

Meine Gefühle waren durcheinander geraten. Das konnte ich nicht leugnen. Noch den ganzen Tag spürte ich diesen krampfenden Trauerschmerz hinter meinem Brustbein, genau dort, wo mein Herz schlägt. Der emotionale Schmerz, den ich fühlte, vermittelte mir das zwanghafte Gefühl, dass ich die Trennung von „meiner" Familie Tag und Nacht beweinen müsse. Diese unendlich starke Trauer, die ich über den Verlust der Menschen, die ich eigentlich nicht kenne, verspürte, war noch lange Zeit in mir. Erst nach drei bis vier Tagen normalisierten sich meine Empfindungen. Doch vergessen werde ich sie nie.

Es gab noch zwei weitere Rückführungstermine, bei denen ich mich in dem kurzen Leben von Florentine Meitinger wieder fand. Richard vermutete, dass es keine besonders traumatischen Erlebnisse zu Florentines Lebenszeit gab. Ich war der gleichen Meinung, denn als Flori hatte ich eine glückliche Kindheit, Erfolge in der Schule, wurde von meiner Familie inniglich geliebt, war bei meinen Freunden beliebt und hatte einen wunderbaren Freund, der mich, und den ich über alles liebte.

Richard bestätigte noch einmal: „Trotz der negativen Verlustängste, die du während der Rückführung erlebt hast, ist es nicht zwangsläufig sicher, dass deine Panikattacken aus dieser Zeit herrühren, Sandra. Da muss es noch etwas anderes geben, was wir herausfinden sollten."

Wir vereinbarten also weitere Gespräche, und ich war furchtbar aufgeregt, was mich noch in Trance und unter Hypnose erwarten würde. Tim stand der Sache nicht mehr positiv gegenüber. Er meinte, dass ich in eine Identitätskrise gerutscht sei, weil ich über Florentine Meitinger, die ich während der Rückführung glaubte, gewesen zu sein, in der Ich-Form kommunizierte. Ich dagegen war der festen Überzeugung, dass ich mein Erlebnis als Florentine gut verarbeitet hatte. Es war sogar so, dass ich es als Bereicherung für mich empfand. Darum fühlte ich mich vollkommen unbelastet.

Eines Nachts passierte es wieder. Mit voller Wucht traf mich der schrecklicher Traum. Es war, als ob ein heftiger Sturm mich wie ein Spielzeug hin und her schüttelte. Es schien wie eine Laune des Schicksals zu sein. Ich war verzweifelt, denn es schien sicher, dass ich immer wieder die Unterlegene sein würde. Es war so ein Gefühl, als wenn ich rings um mich herum eingeschlossen wäre. Hilflos und unfähig, mich zu bewegen. Ich fühlte, dass ich mich gegen eine nicht einschätzbare, drohende Gefahr zur Wehr setzen musste. Ich träumte, wie schon so oft, von beängstigender Enge. Eine beklemmende Angst bemächtigte sich meiner geschundenen Seele. Ihr fühlte ich mich hoffnungslos ausgeliefert und glaubte, dass mir etwas die Luft zum Atmen nehmen würde. Allerdings wusste ich nicht, woher die Bedrohung kam. Doch sie war unzweifelhaft vorhanden. Meine anstrengende Schnappatmung wurde heftiger. Es dauerte nicht lange und ich bekam einen Erstickungsanfall.

Tim, der auch dieses Mal als mein Schutzengel bei mir war, informierte sofort den Notarzt, der in letzter Sekunde mein Retter wurde. Ich fand mich im Krankenhaus wieder. Völlig müde und erschöpft lag ich in Oberkörperhochlage in meinem Bett, das Sauerstoffgerät vor meiner Nase, und rang verzweifelt nach Luft, um das Sauerstoffdefizit in meinem Körper zu kompensieren. Tim war der starke Halt an meiner Seite. Er nahm mich in seine Arme, wiegte mich wie ein Kind, und ich beruhigte mich bald.

Es war schwer, Tim von der Notwendigkeit einer weiteren Rückführung zu überzeugen. Er wollte unbedingt, dass ich mir den „Psychoquatsch", wie er sie mittlerweile nannte, aus dem Kopf schlage. Doch ich bestand darauf.

„Es geht um mein Leben", stellte ich entschieden fest. Bereits am darauffolgenden Montag bereitete ich mich auf den Termin der nächsten Rückführung vor. Tim war etwas verstimmt, weil ich seinen Rat nicht akzeptieren wollte, doch zu meiner Erleichterung versprach er, dass er auch bei meiner folgenden Seelen-Wanderung wieder an meiner Seite sein würde.

Leben und Sterben als „Hexe"

„Wie geht es dir heute, Sandra? Bist du stark genug und bereit, auf eine unbekannte Reise zu gehen?" fragte Richard mich und drückte aufmunternd meinen Arm. Ich nickte gespielt zuversichtlich. Dabei versuchte ich, den Kloß in meinem Hals herunterzuschlucken, was mir aber nicht gelang.

Bald lag ich wieder auf dem bequemen Liegestuhl in Richards Praxis. Ich schloss die Augen und versuchte mich zu entspannen. Es war furchtbar: Ich kam nicht zur Ruhe, meine Schläfen hämmerten, und es trommelte wie verrückt in meinem Schädel.

Dann hörte ich Richard sagen: „Puls- und Blutdruck sind leicht erhöht."

Kein Wunder, das ist die Aufregung, dachte ich zitternd. Tim, der neben mir saß, beruhigte mich: „Ich bin bei dir Sandra, du weißt doch, du bist nicht allein."

Dankbar lächelte ich ihm zu. Wie beruhigend war es doch, seine warme Stimme zu hören, dachte ich und wurde zuversichtlicher. Dann begann Richard Wessling mit der Rückführung. Er stellte mir seine Fragen, die ich ihm bereitwillig beantwortete. Ich erzählte, dass wir das Jahr 1627 schrieben. Dann kam die Erinnerung über mich und ich berichtete von einer anderen, längst vergangenen Zeit:

Damals nannte man mich Elsa Schindler. Ich war im Jahre 1607 geboren, hatte nie einen Vater an meiner Seite gehabt, weil ich ihn nie kennenlernte. Meine Mutter Josephine war, als ich elf war, an einer Lungenkrankheit gestorben. Zuletzt hatte ich bei meiner Tante Catharina, der Schwester meiner Mutter gelebt. Sie war sehr lieb zu mir. Oft nahm sie mich mit in den Wald oder wir gingen gemeinsam über Wiesen und Felder spazieren. Sie lehrte mich alles über die Wirkung von Heilkräutern. Immer wenn der Vollmond schien, gingen wir hinaus und ernteten die Heil bringenden Gräser und Wildkräuter. Als meine Tante starb, hatte ich keine Verwandten mehr. Wie vom Blitz getroffen war ich ganz allein, und man warf mich aus der Wohnung meiner seligen Tante hinaus.

Traurig wanderte ich einsam durch Wald und Flur, durchstreifte dunkle Täler und versuchte allein zu überleben. Die Gegend in der ich mich aufhielt, kam mir schon lange nicht mehr bekannt vor. Mich begleiteten die oftmalige Einsamkeit der Landschaft, die Weltenweite des hohen Himmels mit den jagenden Wolken des Sturmes und mit den brodelnden Nebeln des werdenden Tages. Nur selten war der strahlende, zartblaue Morgenhimmel zu sehen. Oft und immer wieder trug er noch die schwarzen Schatten der Nacht. Es begegneten mir Bettler und Tagediebe. Manchmal musste ich davonlaufen, um aufdringlichen Kerlen zu entfliehen. Ich ernährte mich von Beeren und Kräutern und wurde immer unglücklicher. Es schmerzte tief, keinen Menschen mehr zu kennen, dem ich wichtig war und dem ich vertrauen konnte.

Eines Tages kam ich in eine kleine Stadt. Ich schritt über das Kopfsteinpflaster des Marktplatzes und ging auf die Kirche des Ortes zu. Eine Gruppe von Frauen mit Waschkörben stand dort beieinander. Sie unterhielten sich. Ein paar Kinder schoben ein Holzrad vor sich her, das immer wieder geräuschvoll umfiel. Als die Weiber mich erblickten, steckten sie die Köpfe noch enger zusammen und tuschelten hinter vorgehaltener Hand. Ich lief an ihnen vorbei, betrat die Kirche, setzte mich in die kühle Kirchenbank und betete zu Gott. Dabei liefen unaufhörlich heiße Tränen mein Gesicht herunter. Ich war erst zwanzig Jahre und so allein. Niemand fragte mich, wie es mir ging und ob ich glücklich war. Kein Mensch interessierte sich dafür, hinter wel-

chem Baum ich des Nachts schlief. Vor Selbstmitleid müde geworden, suchte ich mir doch wieder einen Baum und versuchte zu schlafen. Ich beschloss mir eine Arbeit zu suchen und fand sie bald am Rande der Stadt. Ich wurde Dienstmagd bei reichen Leuten, die eine kleine Tochter mit dem Namen Johanne hatten. Meine Herrin, Adelheid von Rosenheim, war eine sehr eingebildete und hochnäsige Frau, die sehr viel von sich und sehr wenig von anderen hielt. Mein Herr, der August von Rosenheim war ein sehr feiner und souveräner Mann, der immer nett zu mir war und den ich sehr bewunderte. Insgeheim himmelte ich ihn sogar an. Wenn er in der Nähe war, hatte ich ein nie zuvor gekanntes Gefühl in meiner Brust, das mir auf seltsame Weise Glück bereitete. Eines Tages machte mir mein Gebieter Avancen. Er kam herunter zu mir in die Waschkammer, als ich gerade die Wäsche im Waschzuber wusch. Gefühlvoll blickte er tief in meine Augen, nahm mir die nasse Wäsche aus der Hand und sagte mit zärtlicher Stimme zu mir: „Du bist so zauberhaft schön mit deinen langen, seidigen Locken. Dein Körper ist fein wie Alabaster und du bist so zart und zerbrechlich, dass ich dich beschützen möchte."
Ich hatte beschämt zu Boden gesehen. Mein Herz schlug mir bis zum Halse. Mein edler Herr nahm meine feuchten Finger in seine starken Hände und legte sie auf seine Brust, die sich unglaublich hart anfühlte. Dann ließ er zärtlich seine Hand durch meine roten Haare gleiten und streichelte liebevoll über meine heiße Wange. Seine Hand fuhr herab und strich sanft über meine Brüste, die sich für mich plötzlich seltsam anfühlten. Niemals vorher waren sie so prall und heiß, und nie zuvor waren meine Brustwarzen so hart gewesen. Es war mir, als würden sich meine Brüste verlangend dem Mann, den ich begehrte, entgegenstrecken.

Ich atmete schwer in meinem Liegestuhl, und hinter geschlossenen Lidern bewegten sich meine Augen schnell hin und her. Richard fragte mich: „Was passiert mit dir? Wie fühlst du?" Ich atmete immer schneller, heftiger und erregter. Außer Atem stieß ich hervor: „Er küsst mich! Er hört nicht auf, mich zu liebkosen! Ich liebe ihn, ich liebe ihn so unendlich!"

Ich berichtete, dass mein Herr und ich auf dem Haufen trockener Wäsche in einer Ecke des Raumes niedersanken und uns leidenschaftlich liebten. Es tat zuerst sehr weh, aber dann wurde es wunderbar und August von Rosenheim hatte mich zu einer Frau gemacht.

Ich erlebte unermessliche Glücksgefühle auf dem bequemen Diwan in Anwesenheit von Tim und Richard. In meiner lebhaften Erinnerung war es so, dass ich mit meinem Herrn seit dem Tage ein inniges Verhältnis führte. Wir beide waren uns sehr zugeneigt. Jeden Tag hörte ich ihn sagen, wie sehr er mich verehrte, begehrte und liebte. Er versicherte mir immer wieder, dass er sich nach meiner zarten Erscheinung sehnte. Ich glaubte es ihm gern, fühlte mich geschmeichelt und war überglücklich. Tagsüber führte ich August und meiner Gebieterin den Haushalt. Danach kam er jeden Abend zu mir in die Kammer und legte sich über mich. Was er dann mit mir tat, steigerte meine Glücksgefühle ins Unbeschreibliche. Jedes Mal wünschte ich mir, dass das nie aufhören möge.

Eines Tages geschah es: Meine Herrin bekam unser heimliches Liebesverhältnis heraus. August machte sich gerade unter meinem Rock zu schaffen, um unser Liebesspiel einzuleiten, als sie die Wäschekammer betrat und laut aufschrie. Sie heulte und keifte, dass sich ihre Stimme überschlug. Verächtlich bespuckte sie mich. Danach denunzierte sie mich öffentlich als Hexe und ich wurde angeklagt. Was dann geschah, war grausam für mich.

Böse Männer holten mich aus dem Haus meiner Herrschaften ab. Sie fesselten und schlugen mich. Dann zerrten sie mich mit roher Gewalt in die Stadt.

„Seht nur, was sie für feuerrote Haare hat!" schrieen die Weiber, als man mich gefesselt zum Marktplatz führte.

„Das ist die Farbe des Teufels!" krakeelte eine andere. Mein Herz krampfte sich angstvoll zusammen.

„Schneidet ihr die roten Zotteln ab!" –

„Nein, besser verbrennt ihr sie!"

Die Frauen kreischten lustvoll auf und sahen mich hasserfüllt an. Ich war entsetzt. Was hatte ich ihnen getan? Sie waren mir völlig fremd.

Als man mit mir auf dem Marktplatz angekommen war, forderte der mich bereits erwartende Fürstabt mit schneidender Stimme von mir: „Gib zu, Weib, dass du des Teufels bist und einen verheirateten Mann verhext hast!"

Ich weinte nur und er brüllte mich wieder an, diesmal noch viel lauter: „Gib endlich zu, du Hexe, dass du des Teufels bist!"

„Das bin ich nicht… Ich bin es doch nicht…", schluchzte ich mit erstickter Stimme. Ich fühlte mich so schrecklich hilflos und war diesen rohen Männern vollkommen ausgeliefert. Im Hintergrund hörte ich immer noch die tobenden Weiber, die mich bösartig beschimpften.

Auf einmal kam der Baron Friedrich von Hettfeld, der ein ganz wichtiger und hochstehender Mann im Ort war, mit seiner Kutsche vorgefahren. Vor mir geriet das Gefährt zum Stehen und der Baron sprach mit eindringlicher Stimme zu mir: „Einmal wurdest du jetzt angeklagt, Magd. Nun geh fort aus der Stadt. Dann bist du frei."

Auf Geheiß des Barons musste man meine Fesseln lösen und ich rannte um mein Leben über das grobe Kopfsteinpflaster davon. Meine Holzschuhe klapperten laut. Trotzdem hörte ich die heulenden Schreie der Weiber, die mir hinterher riefen: „Du Hexe verdienst den Tod!"

Viel später erfuhr ich, dass mein geliebter August seinen Einfluss hatte wirken lassen. Er war mit Baron von Hettfeld gut befreundet. So hatte ich großes Glück und kam im letzten Moment aus der bedrohlichen Situation frei. Ich zog in eine kleine Kate am Rande der Stadt und wohnte genau entgegengesetzt zum Hause meines Geliebten. Um mein kleines Häuschen herum legte ich mir einen Garten an und lebte von all dem, was ich säte und erntete. Neben duftenden, bunten Blumen und üppigen Rosen hatte ich Heilkräuter angepflanzt, aus denen ich Saft presste und Tee bereitete. Ich dankte Gott, denn ich war dem Bösen entronnen. Das verächtliche Getuschel jedoch dauerte weiter an und der Hexenmakel blieb an mir haften.
Wir wollten es beide nicht, aber wir konnten nicht ohne einander leben. Es verging nicht viel Zeit, da klopfte mein Geliebter an meine Tür, und schon bald sahen wir uns wieder fast täglich. Jedes Mal verfielen wir einander und liebten uns, berauscht vor Glück.
Unsere Treffen blieben nicht lange unentdeckt. Schon bald wurde „der arme Mann", bedauert, weil ich „Hexenweib" ihn angeblich beherrschte und fehlleitete. Man behauptete allen Ernstes, dass mein August von mir, da ich ihn böse verzaubert hätte, befreit werden müsste. Bald kam der Tag und ich wurde wieder fortgebracht und angeklagt. Man schleppte mich zum Marktplatz, und auch dieses Mal wurde ich von den Frauen des Ortes verhöhnt und laut beschimpft. Sie spuckten verächtlich nach mir und bewarfen mich mit Mist und Steinen.

Bevor man mich anklagen konnte, hielt abermals eine Kutsche
vor der Kirche und mir wurde geheißen, einzusteigen. Unter
dem lärmenden Gekreische der Leute bestieg ich hastig die
Droschke. Drinnen saß der Baron von Hettfeld und sprach zu
mir: „Ich bringe dich jetzt ins Umland, Mädchen. Dort bleibe
und kehre nie mehr zurück. Sonst kann dir niemand mehr
helfen und du musst sterben."

Baron von Hettfeld brachte mich in ein altes, unbewohntes
Försterhaus, das leer stand, weil der Förster alt gewesen, und
kurz vorher verstorben war. Ich dankte dem Baron von Herzen
und beschloss, mein Leben in dem alten Haus neu einzurich-
ten. Auch hier legte ich wieder einen Kräutergarten an und
lebte allein. Ich war fern von anderen Menschen und fühlte
mich schrecklich einsam. Schweren Herzens beschloss ich,
meinen Geliebten nicht mehr wieder zu sehen. Die Sehnsucht
nach meinem August zerriss mir fast das Herz. Doch weil er
mich nicht in Gefahr bringen wollte, blieb er mir fern.

Ein ganzes Jahr war vergangen, in dem kein Tag vergangen war, ohne dass ich für meinen Liebsten gebetet hatte. Nach einem langen, heißen Sommer kam der Morgen, an dem mein geliebter August mich heimlich besuchte. Er sagte, dass er mich über alles liebte und nur deshalb so lange von mir ferngeblieben sei, weil er mich schützen wollte. Nun habe er sich heimlich zu mir geschlichen, weil die Herrin durch einen Sturz eine Beinverletzung erlitten hatte, die nicht heilen wollte und die Haut schwarz werden ließ. Er bat mich um eine geeignete Heilsalbe, damit sie bald wieder gesund würde. Die kleine Johanne brauchte doch ihre Mutter.

Ich ging in meinen Garten und pflückte die entsprechenden, Heil bringenden Kräuter. Als ich August den Strauß mit Bibernelle, Frauenmantel und Wiesengeißbart überreichte, sah er mir in die Augen und sagte: „Ich möchte dich nicht verlassen, geliebte Elsa, aber ich muss auf dich verzichten, damit du sicher bist."

Er hielt den Kräuterbund in der Hand, dankte mir und küsste mich auf die Stirn. Dann ging er fort zu seiner Frau, um ihr Leben zu retten. Doch als er zu Hause ankam, war sie bereits ihrer Verletzung erlegen. Sie hatte eine tödliche Sepsis erlitten. Nun begann die Hetze gegen mich, denn man war sich sicher, dass August bei mir gewesen war. Jemand hatte ihn zufällig ganz in meiner Nähe gesehen, und es wurden neue Hassintrigen initiiert, diesmal durch die Freundin der toten Adelheid von Rosenheim.

Mathilde von Frankenberg verbreitete überall: Ich, Elsa, die „böse Hexe", sei schuld am Tod ihrer Freundin. Ich hätte sie eiskalt mit meinen Zauberkräutern verwünscht, um August von Rosenheim für mich allein zu haben. Eine gefährliche Verschwörung hatte ihren Lauf begonnen. Der schwelende Brand ließ sich nicht mehr löschen und das Gerede verstummte nicht.

Die kleine Tochter von August und Adelheid von Rosenheim hatte plötzlich sehr hohes Fieber. Johanne war auf Leben und Tod erkrankt. Jetzt wurde mir vorgeworfen, die ganze Familie von Rosenheim verhext zu haben.

In seiner Verzweiflung und aus Angst, nun auch noch sein Kind zu verlieren, ging August das Risiko unserer Begegnung noch einmal ein. Er kam zu mir, um Kräuter für Johanne zu holen. Ich stellte ihm einen wirksamen Bund zusammen und seine Kleine wurde wieder gesund.

Ein strenger, harter und bitterkalter Winter war durchs Land gegangen. Der Schnee, der das ganze Erdreich bedeckte, war geschmolzen. Endlich zog der Frühling ein. Blüten knospeten vorsichtig und luden die Bienen ein. Die Vögel trällerten, sammelten Zweige und suchten ihre Nestgefährten. Der Duft der Blumen betörte die Sinne. Sie war endlich angekommen, die warme Jahreszeit, die alles neu macht.

Ich spürte, dass irgendetwas geschehen würde. Das Gefühl, dass man mir etwas antun wollte, ließ mich nicht los. Nachts kam ich vor Angst kaum noch in den Schlaf. Schließlich wurde ich von den Vorwürfen, eine Hexe zu sein, eingeholt. Man warf mir vor, von dämonischen Kräften besessen zu sein. Ich verteidigte mich und beteuerte: „Ich habe die Heilkunst von meiner Tante gelernt, das ist wahr. Aber ich habe immer versucht, sie in den Dienst des Menschen zu stellen und zu helfen. Wenn ich der Hexerei beschuldigt werde, ist das falsch."

Doch man glaubte mir nicht und ich wurde ein drittes Mal angeklagt. Sie warfen mich in einen dunklen, feuchten Raum, in dem es fürchterlich stank. Später holte man mich zum Verhör. Mehrere Männer schleppten mich in einen schummrigen Raum, an dessen Wänden Fackeln hingen. Unter Folter sollte ich meine Schuld gestehen. Die Schinder stachen mit heißen Nadeln in meinen Körper. Es gab fast keine Stelle, die sie ausließen. Überall ronn das Blut an mir herunter. Danach fesselten die Folterknechte meine Arme hinter meinem Rücken. An den Handgelenken befestigten sie ein Seil und zogen mich daran in die Höhe. Ich schrie wie von Sinnen, so entsetzlich waren die Schmerzen. Der Inquisitor brüllte: „Gib dein Hexenwerk endlich zu, oder du erleidest die Qualen der Hölle!"

„Ich bin keine Hexe! Ich habe nichts Unrechtes getan, so wahr mir Gott helfe!" keuchte ich mit bebender Stimme, doch es nützte mir nichts.

„Gestehe endlich!" donnerte der Hexenjäger. Ich wimmerte und konnte keinen Ton herausbringen. Durch die Marter erreichten sie am Ende den gewissen Punkt bei mir, an dem ein Mensch wohl alles gesteht, nur damit er nicht mehr gequält wird. Nach meinem verzweifelten Geständnis wurde ich zum Tod durch das Feuer verurteilt. Am sechsten Mai 1629 sollte ich hingerichtet werden. Am Abend des fünften Mai zerrten sie mich aus meinem Verlies und brachten mich zum Marktplatz, wo sie mich in den Kerker des alten Hungerturms warfen. Der Inquisitor teilte mir kaltblütig mit, dass ich am nächsten Morgen sterben würde. Die ganze Nacht in dem feuchten Gemäuer, wo Ratten mir Gesellschaft leisteten, blieb ich wach und hatte entsetzliche Angst. Ich wünschte mir jede Sekunde, dass ich aufhörte zu atmen. Ich wollte dem Leben einfach entschlafen, damit ich am nächsten Morgen nicht hingerichtet werden würde. Denn ich hatte eine schreckliche Furcht vor dem, was kommen mochte. Aber es ging nicht. Ich musste immer wieder weiteratmen. Dann bin ich in den frühen Morgenstunden doch noch kurz eingeschlafen. Als ich nach schlimmen Albträumen, in denen jemand mich mit Feuer bedrohte, erlösend wieder wach wurde, hörte ich lautes Glockengeläut und Pferdehufe über den Marktplatz klappern.

Bald holte man mich, um meinem Leben ein furchtbares Ende zu setzen. Ich starb unter höllischen Qualen auf dem Scheiterhaufen. Ich war noch nicht mal 22 Jahre alt geworden.

Den stechenden Schmerz der gefräßigen Flammen spürte ich nur kurze Zeit. Viel mehr noch als das Feuer, schmerzte mich meine schreckliche Angst und das bewusste Wahrnehmen um das, was geschah. Während die züngelnden Flammen bereits an mir empor schlugen, nahm ich den markerschütternd schreienden Mann wahr, der auf mich zu eilte und sich fast in die Feuersgluten stürzte. Die Umstehenden hielten ihn zurück und hinderten ihn daran, mir näher zu kommen. Ich realisierte, dass es August war, der Mann, den ich liebte. So laut er konnte, brüllte er meinen Namen, schlug verzweifelt die Hände vor sein Gesicht und weinte. Dann verschwand er vor meinen Augen in Qualm und Rauch. Ich spürte schon längst keine Schmerzen mehr und dachte ganz rational: Dieser schreckliche Tod muss doch einen Sinn haben. Dabei fragte ich mich: Was sollt' des Leidens Sinn wohl sein? Während ich dieses noch dachte, war ich schon längst in den Flammen erstickt.

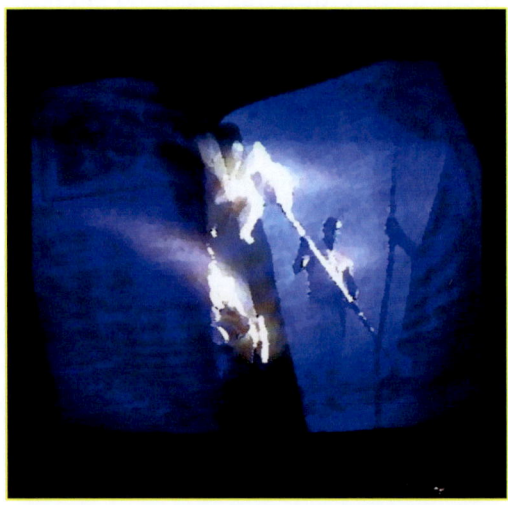

Diese Rückführung hatte mich in tiefste, dunkle Abgründe gestürzt. War ich wirklich vor vielen Jahrhunderten so grauenvoll gestorben? Für was ist so ein schrecklicher Tod der Schlüssel? Was bedeutet er? Womit hatte ich das verdient?

In mir brannten viele Fragen; auch die, warum ich eine so einsame, traurige Frau in einem kurzen, viel zu harten und unglücklichen Leben, in dem man mich hasste, war. Wofür wurde ich bestraft?

Elsa war längst verbrannt und die Reste ihres geschundenen Körpers lagen in ihrer Asche, da dachte sie immer noch über alles Geschehene nach.

Im Nachhinein bereitete es mir Schwierigkeiten, mir klarzumachen, dass es Elsa war, die verbrannte und nicht ich. Elsas Lebensgeschichte, die ich für kurze, emotional stark aufwühlende Momente erlebte, ließ mich zu einer festen Überzeugung gelangen: Manchmal weisen die Toten den Lebenden einen Weg. Die Lebenden sollten diesem Weg folgen, damit die Toten nicht umsonst gestorben sind. Ich begann bald mit meiner eigenen Familienforschung, weil ich glaube, dass auch die vielen Generationen der unterschiedlichen Zweige meiner eigenen Vorfahren, mir mit ihrem Leben etwas mitteilen wollen.

Welchen Weg aber beabsichtigte mir Elsas Schicksal zu zeigen?

Nach meiner qualvoll erlebten Rückführung war ich fest davon überzeugt, dass mir Elsas furchtbares Sterben auf dem Scheiterhaufen eine Hypothek für mein heutiges Leben mitgegeben hatte. Schicksalhafte Gefühle, die schlimme Furcht vor einer dunklen Bedrohung, dem Alleinsein und der Hilflosigkeit. Die Menschen hassten Elsa und fast niemand war da, dem es wichtig war, dass sie am Leben blieb. Der Einzige, dem sie etwas bedeutete, konnte sie nicht mehr retten. Er kam zu spät und war machtlos gegen die vielen Menschen, die ihren Tod wünschten. Ich zermarterte mir mein Gehirn mit der bohrenden Frage, was Elsas Schicksal für meine Existenz als Kassandra bedeutete. Richard Wessling meinte, dass die Flammen, die mich bedrängt, und in die Feuerhölle getrieben hatten, meine nächtlichen Erstickungsanfälle und Angstgefühle, unter denen ich so sehr litt, verursachen könnten. Waren sie auch Grund dafür, dass ich mich oft so fühlte, als sei ich lebendig begraben? Insgeheim war ich mir fast sicher, dass da noch etwas anderes war, das mich quälte. Denn wie lebendig begraben hatte ich mich als „Hexe" auf dem Scheiterhaufen nicht erlebt. Mein Gefühl war damals für eine kurze, schreckliche Zeit die Empfindung von entsetzlicher Hitze, die mir den Atem nahm. Als ich mich dann von außerhalb meines Körpers betrachten konnte, sah ich, dass man aus dem Leib, den Gott mir einst zum kostbaren Geschenk machte, eine lodernde Fackel gemacht hatte. Diese Einsicht brannte sich tief und unheilvoll in meine Seele hinein.

Klimawandel

Mir fehlte der Mut, mich meiner Familie anzuvertrauen. Auch in meinem Freundeskreis wollte ich nichts von den düsteren Erlebnissen, die ich während der Rückführung hatte, erzählen. Man hätte mich ganz sicher für verrückt erklärt. Ich fragte mich, ob ich vielleicht wirklich übergeschnappt war. Denn ganz normal war das, was ich erlebt hatte ja nicht. Meine Gedanken, meine Träume, die immer wiederkehrten, das alles war schon ziemlich außergewöhnlich. Außer Tim und meinem Therapeuten wusste also niemand von meinen Reisen in die Vergangenheit. Auch meiner besten Freundin Eleanor sagte ich nichts. Ich bin ein misstrauischer Mensch, weil ich schon oft in meinem Leben von Menschen, denen ich vertraut hatte, enttäuscht wurde. Über weite Wegstrecken hinweg hatte ich Freunde an meiner Seite, neben denen ich keine Feinde gebraucht hätte. Es tut weh, wenn das Vertrauen, das man in einen anderen setzt, gnadenlos missbraucht wird. Vertrauen ist wie ein Raumschiff, in das man einsteigt, um ins Ungewisse abzuheben. Viele Jahre meines Lebens hatte ich Schwierigkeiten, die Raumkapsel zu betreten und blieb lieber auf der Erde. Ich traute mich einfach nicht, irgendjemandem Vertrauen zu schenken. Jetzt war mir klar, dass es auch etwas damit zu tun haben könnte, dass ich in einem früheren Leben verfolgt worden bin. Es handelte sich offensichtlich bereits zu der Zeit, in der Elsa lebte, um eine frühe Art des Mobbing. Die Bedenkzeit, bis ich zu Tim Vertrauen fasste, dauerte ziemlich lange. Er ist damals mit viel Geduld auf mich eingegangen und irgendwann hatte er nicht nur mein Vertrauen, sondern auch mein Herz gewonnen. Es war ein bisschen seine verständnisvolle, zuverlässige Art, seine Fröhlichkeit, und vor allem seine

Liebe zu mir, die der Brücke des Vertrauens zwischen uns das Leben einhauchte. Heute bin ich sehr glücklich, dass es Tim gibt, und ein Leben ohne ihn kann ich mir nicht mehr vorstellen.

Ich arbeitete bei einer großen Versicherung im Kundenservice. Eines Tages rief mich mein Vorgesetzter, Herr Dibarski, zu sich und fragte mich, warum ich in letzter Zeit häufig so unausgeglichen und müde zur Arbeit erschien. Ich wusste nichts anderes zu antworten, als die Wahrheit. Ich erzählte ihm von meinen Albträumen und weihte ihn sogar in meine Erlebnisse bei meinem Therapeuten ein. Ich bat ihn, dass er sein Wissen für sich behalten möge, und er versprach, mein Problem diskret zu behandeln. Ich dankte ihm und gelobte, dass ich mir Mühe geben wollte, mein Verhalten zu ändern und versicherte, dass man mir in Zukunft ganz bestimmt nichts mehr anmerken würde. Ich hoffte sehr, dass mir das gelänge. Es dauerte nicht lange, bis ich merkte, dass die vertraulichen Informationen durchgesickert waren. Viele meiner Kollegen veränderten ihr normales Verhalten mir gegenüber. Jeden Tag spürte ich, dass über mich getuschelt wurde, und wenn ich den Raum betrat, verstummte das Gerede. Keiner wollte plötzlich mehr mit mir sprechen, aber jeder redete über mich. Nur meine Freundin Eleanor, die mir am Schreibtisch direkt gegenübersaß, beteiligte sich nicht an der Verschwörung. Sie war die Einzige, die am Arbeitsplatz noch zu mir hielt.
Nun begab es sich rein zufällig, dass Eleanor dem Chef unangemeldet ihre Aufwatung machte, um sich eine wichtige Unterschrift von ihm zu holen. Als sie noch draußen auf dem Flur vor seinem Büro stand, konnte sie ein Gespräch zwischen ihm und seiner Sekretärin belauschen, das die Intrige gegen mich verriet. Eleanor kam zurück in unser Büro und berichtete

außer Atem: „Der Chef hat gesagt, du hättest einen psychischen Schaden, weil du beim Psychiater in Behandlung bist, der dir einredet, dass du eine Wiedergeborene bist. Und weil du in einer verrückten Welt lebst, bist du für diese Firma untragbar geworden. Du hättest über schlimme Träume geklagt, die du angeblich hast, weil du Drogen nimmst. Er sagte, du hast eine ausgeprägte multiple Persönlichkeitsstörung und will dich loswerden."

Nun war mir klar, woher der plötzliche Klimawandel am Arbeitsplatz gekommen war, und dass mein Chef mein Vertrauen missbraucht hatte. Dibarski beauftragte seine intrigante Geschäftsführerin Sybille Weischenberg, etwas zu finden, um mich aus der Firma zu stoßen. Sybille nahm diese Aufgabe mit Freuden wahr, denn sie konnte mich nicht leiden. Meine Tätigkeit in der Firma war kaum noch auszuhalten. Ich wurde belächelt, schikaniert und ausgegrenzt. An meine Bürotür hatte jemand ein Schild angebracht, auf dem stand mit großen Buchstaben geschrieben: *Psychopathin Sandra Kissinger.*

Die Situation blieb festgefahren. Das Getuschel und das hämische Lachen der anderen über mich habe ich nicht mehr ausgehalten. Eleanor, die nicht nur meine Kollegin war, sondern auch meine beste Freundin ist, stand in der schweren Zeit fest zu mir. Das führte dazu, dass auch sie von einigen Mitarbeitern angefeindet wurde. Damals schwor ich mir, dass ich ihr ihre Loyalität, die sie mir gegenüber bewies, niemals vergessen würde.

Ich fühlte mich ausgebrannt und elend, hatte keine Kraft und Lust mehr, mich gegen die Beleidigungen und Bedrohungen, die mich ständig trafen, zur Wehr zu setzen. Also schmiss ich alles hin und habe gekündigt. Eleanor meinte, ich solle um Himmels Willen nicht selbst kündigen. Sie riet mir dazu, mir kündigen zu lassen, und vor Gericht eine satte Abfindung zu erstreiten. Schließlich hatte ich meinem Arbeitgeber schon viele Jahre treue Dienste geleistet und man hatte mir übel mitgespielt. Mobbing, beschwor sie mich, würde mittlerweile sogar strafrechtlich verfolgt. Doch des Kämpfens müde verkroch ich mich in der ersten Zeit lieber zuhause, um meine Wunden zu lecken. Ab und zu ließ ich mich von Tim aus meiner Lethargie entführen, wenn wir abends zu unserem Italiener an der Ecke gingen und er es schaffte, mich ein wenig aufzumuntern. Tim stand voll und ganz hinter meiner Entscheidung, meiner Gesundheit zuliebe den Job aufzugeben. Er hatte es zu der Zeit wirklich nicht leicht mit mir. Meine latente Traurigkeit ließ sich eben nicht so schnell abstellen. Wenn ich nur nicht so sehr an mir gezweifelt hätte! Zeit heilt ja bekanntlich Wunden, und zumindest oberflächlich hatte ich ein halbes Jahr später meinen Jobverlust verkraftet. Der Grund jedoch, der den Verlust meiner Arbeit verursachte, hatte sich als dicke, fette Vernarbung in meine Seele gebrannt. Manchmal, wenn ich mich an diese schlimme Zeit erinnere, schmerzt die Narbe sehr. Der Stress der vergangenen Monate hatte zur Folge, dass ich nur flüchtigen Kontakt zu Richard Wessling hielt. Ich brauchte Zeit, um alles Vergangene zu verarbeiten und musste erst wieder einigermaßen auf die Beine kommen. Während unserer seltenen Telefonate stellten wir fest, dass wir beide nicht ganz zufrieden mit dem Ergebnis der letzteren Rückführung waren. Weil ich auch weiterhin immer wieder mal schlimme Träume vom lebendig Begrabensein hatte, glaubte er, dass die Ursache dafür noch nicht gefunden war und dass es noch etwas anderes in meiner Vergangenheit gab, das mir keine Ruhe ließ. Auch ich spürte, dass da etwas sein musste, was ans Licht wollte. Es war wohl der rechte Augenblick noch nicht gekommen, dass es endlich zutage treten würde.

Der Heiratsantrag

Es war September, ein milder Spätsommer, der die Tage mit Sonne verwöhnte. Tim und ich planten einen Kurzurlaub. Da ich ohne Arbeit war, hatte ich reichlich Zeit, die ich wenigstens zur Erholung nutzen wollte. Mein nächster Termin zur Rückführungstherapie stand erst am 15. November an.

Hätte Tim mich nicht gesponsert, wäre der Urlaub für mich nicht realisierbar gewesen. Mittlerweile war ich fast pleite und hangelte mich eher leidlich vom Monatsanfang bis zum Monatsende. Ich hätte dringend einen neuen Job gebraucht, doch fühlte ich mich noch nicht stark genug, meinen Anspruch, den ich an mich selbst hatte, zu erfüllen: Alles zu geben und dabei hundertprozentig echt zu sein. Tim war es wichtig, dass es mir gut ging und er spendierte mir den Urlaub. Auch bei anderen leidigen Themen des Lebens, wie zum Beispiel diversen unbezahlten Rechnungen, unterstützte er mich finanziell. Tim bewies sich nicht nur als mein geliebter Partner und echter Freund; sondern er war auch mein Schutzengel. Da war ich mir ganz sicher. Eigentlich fühlte ich mich nicht ganz wohl dabei, Geldbeträge in größerem Umfang von meinem Lebensgefährten anzunehmen. Das war ich nicht gewohnt, weil ich immer mein eigenes Geld verdient hatte. Ein wichtiges Prinzip von mir war, dass ich niemals abhängig sein wollte. Nun war ich es dennoch, damit ich an Tims Seite weiterhin ein sorgenfreies Leben führen konnte. Ein wenig hatte ich ein schlechtes Gewissen, das in einer herben Enttäuschung, die ich Tim vor einiger Zeit bereitete, begründet war.

Es war ungefähr ein Jahr vor meinem Jobverlust, als ich Tims romantischen Heiratsantrag abgelehnt, und nicht recht gewürdigt hatte. Eleanor und ich gingen zum Stadtfest. Schon von weitem bemerkten wir einen Fesselballon am Himmel, der unsere Aufmerksamkeit erregte. Auf dem Festplatz stand eine kleine Theaterbühne, die mit hundert rosaroten Herzen und roten Rosen dekoriert war. Als ich mit Eleanor ahnungslos zu dem Stand kam, stiegen hundert bunte Luftballons in die Luft und machten mir den Blick frei auf ein übermäßig großes, rotes Herz, auf dem in dicken, silbernen Buchstaben geschrieben stand: *Sandra ich liebe dich!*

Oh, wie süß, dachte ich, ohne zu ahnen, auf wen sich das bezog. Ich wollte schon weiter gehen. Doch Eleanor, die Gute, bremste mich. Sie war eingeweiht und hatte mich trotz meiner anfänglichen Lustlosigkeit beharrlich überredet, zu dem Jahrmarkt mitzukommen. Schmerzhaft schnaufend krallte sie sich an meinem Unterarm fest. Sie jammerte und stöhnte, sie habe sich den Knöchel verstaucht und müsse ihren Fuß einen Moment lang ausruhen. Mit verzogenem Gesichtsausdruck bewegte sie ihren rechten Fuß vorsichtig hin und her und rieb sich das Gelenk. Während ich mir noch Sorgen um sie machte und nicht mehr auf die Theaterbühne mit den vielen bunten Herzen achtete, flog der Heißluftballon über die Bühne. Plötzlich regnete es rote Rosen über uns. Ich blickte nach oben und las die Frage, die auf dem Ballon geschrieben stand: *Sandra, ich liebe dich, willst Du mich heiraten?*

Erst in dem Moment nahm ich Tim wahr, der über den Korbrand stieg, sich wagemutig an einem Seil herabließ und auf die winzige Theaterbühne sprang, während der Ballon davonschwebte. Mit weit geöffneten Armen stand er erwartunsvoll lächelnd vor mir. „Nun, Sandra, was antwortest du?" rief er mir

von der Bühne aus zu. Seine Frage ging fast im Gejubel der Menge unter. Eleanor war spontan geheilt, hüpfte vor Freude lachend und applaudierte. Ich war sprachlos. Anstatt meinem spontanen Gefühl zu folgen, Tim begeistert in die Arme zu stürzen und laut „Ja" zu schreien, antwortete ich verzagt: „Bestimmt... Lass mir nur noch ein bisschen Zeit..."
Ich war blockiert. Es war diese Angst in mir, dass man mich enttäuschen könnte. Ich war einfach noch nicht so weit, mich fest zu binden. Die umherstehenden Leute, die zuerst gejubelt und geklatscht hatten, verfielen in Buhrufe und pfiffen mich aus. Tim war enttäuscht, dass er mit seinem phantasievollen Heiratsantrag nicht erreichen konnte, was er sich von mir wünschte, aber er versicherte mir, dass er nicht böse auf mich sei und sagte: „Das nächste Mal machst eben du mir einen Heiratsantrag, Sandra."

Die Zeit, in der Tim mich finanziell unterstützte, war für mich der Beweis, dass ich mich auch in materiell schweren Zeiten fest auf ihn verlassen konnte, und dass er mir meine Zurückhaltung nach seinem fantastischen Heiratsantrag wirklich verziehen hatte. Tim kannte eben meine Träume und Ängste und ahnte, dass ich ihn liebte.

Tim und ich verbrachten einen traumhaften Urlaub auf der Baleareninsel Formentera. Ende September war es dort wunderbar warm, die Sonne schien und wir waren sehr glücklich miteinander. Wir mieteten uns jeder ein Fahrrad und umrundeten die ganze Insel. Es hätte ein wunderschöner Urlaub sein können, wäre da nicht diese eine Nacht gewesen.

Manches Mal hatte ich nachts nicht gut geschlafen, weil mich schlechte Träume verfolgten, die ich mir nach dem Aufwachen nur bruchstückhaft ins Gedächtnis rufen konnte. Schwach erinnerte ich mich morgens daran, dass ich in diesen Träumen Angst davor hatte, völlig pleite zu sein, und den Weg nach oben nicht mehr zu schaffen. Die Angst vor sozialem Abstieg ließ mich zu keiner Zeit los und verfolgte mich bis in meine Träume. Tim spornte mich mit beruhigenden Worten an: „Du kannst hinfallen, Sandra. Wichtig ist allein, dass du wieder aufstehst. Das schaffst du schon. Außerdem hast du mich an deiner Seite. Was soll dir da passieren?"
Zwei Nächte vor unserem Rückflug träumte ich, unterirdisch in einem dunklen, engen Loch gefangen zu sein. Panisch versuchte ich, solange ich noch Luft bekam, mit beiden Fäusten gegen die engen Wände dieses Lochs zu drücken, bis jedes Gefühl aus meinen Händen gewichen war. Ich erstickte im Traum und das Letzte, was ich vor meinem geistigen Auge wahrnahm, war der dunkle Punkt, der immer kleiner wurde, und sich immer weiter von mir entfernte, bis er ganz verschwand und ich dachte, dass ich tot war.

Was für ein schrecklicher Traum! Mein Bett war klatschnass geschwitzt. Tim hatte mich in Oberkörperhochlage gehievt, weil ich schon wieder unter Atemnot litt. Er brachte mich in die Klinik, wo man mir Sauerstoff verabreichte.

Ich bewunderte Tim dafür, dass er mich aushielt. Zum Glück erholte ich mich relativ schnell, und wir hatten noch einen sehr romantischen letzten Urlaubstag auf Formentera.

Während des Heimfluges fühlte ich mich zwar noch ziemlich erschöpft, aber glücklich. Was ist das nur für ein Leben, das ich führe, dachte ich. Womit habe ich meine furchtbaren Träume verdient?

Wieso habe ich Tim geschenkt bekommen?

Mir wurde bewusst, wie glücklich ich mich schätzen konnte, dass ich Tim an meiner Seite hatte.

Nicht standesgemäß

Es war der 15. November, ein grauer, kalter Wintertag in Deutschland, der gar nicht unterschiedlicher sein konnte, als die milden Tage auf den Balearen.

Tim und ich betraten Richard Wesslings Praxis. Mein nächster Rückführungstermin stand an. Ich spürte Bangigkeit in mir und am liebsten wäre ich umgekehrt. Ich fragte mich, was diesmal auf mich zukommen würde und mein Lampenfieber stieg stetig an. Aber ich wollte endlich meine Ängste hinter mir lassen. So blieb ich und war froh, dass Tim bei mir war.
Dann war es endlich soweit. Ich schloss die Augen, spürte den bequemen, weichen Liegestuhl in meinem Rücken und merkte, dass meine Lider anfingen zu flattern. Es dauerte eine ganze Weile, bis in meinem Kopf allmählich Ruhe einkehrte.

Wie früher stellte Richard mir seine Fragen und ich antwortete ihm. Es dauerte nicht lange. Ich befand mich wieder in einer anderen Welt, in einer anderen Zeit, in einem anderen Land. Am Ende von insgesamt acht Sitzungen, die jeweils von sechzig bis hundertzwanzig Minuten andauerten, kam eine unglaubliche Geschichte dabei heraus. Es war die tragische Vergangenheit (m)eines Lebens. Das Leben von Simone.

Man schrieb das Jahr 1776. Als Simone lebte ich in der Nähe von Avignon in der Provence am östlichen Ufer der Rhone. Ich hatte vier Geschwister, einen kleinen Bruder und drei jüngere Schwestern. Unsere Eltern Victor und Laura Priol waren Korbflechter. Sie betrieben einen Handel und belieferten die Umgebung mit Körben, die damals gern benutzt, und viel gebraucht wurden. In einiger Entfernung von meinem Elternhaus gab es eine alte Burg. Wir Kinder gingen oft zum Spielen dort hin. In der Nähe der Festung befanden sich mehrere Höhlen und eine verfallene Grotte.

Oft spielten wir dort Fangen oder Verstecken. Eines Tages stürzte der kleine Louis beim Versteckspielen in den tiefen Burgbrunnen und starb. Ich war verzweifelt. Mein Vater verzieh mir nicht, dass ich als ältere Schwester nicht auf meinen kleinen Bruder aufgepasst hatte. Jeden Tag in jedem Jahr ließ er mich meine schreckliche Schuld spüren. Vater liebte mich nicht mehr. Ich war erst dreizehn, als er mich von zuhause fortschickte, und ich mich in die Dienste des Marquise Tranquille, der in seinem Herrenhaus in der Nähe der Burg wohnte, begab. Ich wurde sein Dienstmädchen und arbeitete sehr viel. Nach Hause kam ich nur noch selten, so dass ich meine Familie kaum noch sah. Meine Mutter vermisste mich sehr, doch sie konnte an der Situation nichts ändern. Mein Vater hatte mir bis zu seinem Tod nicht verziehen, dass ich seinen einzigen Sohn nicht beschützen konnte.

Als ich ein junges Mädchen wurde, lernte ich Henri, den Sohn des Marquise Fouquet, näher kennen und lieben. Er war der Neffe meines Herrn, für den ich arbeitete, und er verbrachte regelmäßig seine Ferien bei der Familie Tranquille. Henri und ich waren Seelenverwandte. Wir liebten uns. Er wollte mich heiraten, doch seine Familie war gegen unsere Hochzeit, da ich „nur" eine Bürgerliche war. Henri kämpfte um mich und setzte durch, dass ich auf das Château seines Vaters kommen durfte. Er wollte dort mit mir Verlobung feiern. Seinem Vater hatte er selbstbewusst damit gedroht, dass er, wenn man ihn zwingen würde, mich aufzugeben, mit mir von zuhause fortginge. Die Eltern wollten ihren einzigen Sohn jedoch nicht verlieren und willigten schließlich ein. Eines Tages kam Henri freudestrahlend zu mir und sagte, er hätte lange mit seinem Vater gesprochen und ich sei endlich in seiner Familie willkommen. Alles würde für uns endlich gut werden.

Drei Tage später ließ er mich von einer Droschke abholen und zu sich nach Marseille ins Palais seiner Väter, das unser gemeinsames Zuhause werden sollte, bringen. Als die Kutsche mit mir im Park vor dem Palais eintraf, waren dort schon viele Gäste, die mich offensichtlich neugierig erwarteten. Der Kutscher stoppte die vier Pferde und stieg vom Kutschbock hinunter. Er reichte mir seine Hand, um mir beim Absteigen von meinem Kutschsitz zu helfen. Dankbar ergriff ich sie.

Als meine Füße den Boden berührten, schnappten plötzlich viele andere Hände nach mir und schleuderten mich herum. Sie stießen mich hin und her, von rechts nach links und wieder zurück. Jemand rief: „Die ist nicht standesgemäß!"

Viele Stimmen folgten und überall ertönte: „Sie ist nicht standesgemäß!!"
Ich wurde von hunderten Händen gestoßen, aufgefangen und gleich wieder weiter geschubst. Jene, deren Hände nach mir griffen, um mich wieder fort zu schleudern, zischten mir immer wieder zu: „Nicht standesgemäß!"
Es wurde immer lauter, mein Kopf dröhnte und drohte zu zerplatzen. Mir war schwindelig geworden.
Nicht standesgemäß!
Endlich schaffte ich es, mich loszureißen, schlug die Hände vor mein Gesicht und rannte weinend davon, in den, vor den Toren der Stadt gelegenen, Wald hinein. In Panik lief ich immer tiefer ins Gehölz und hörte immer noch das höhnische Gelächter und die schallenden Rufe, die mich verfolgten.
Henri hatte mich lange gesucht und Personal ausgeschickt, das mich finden sollte. Zu allem Übel kam ein starkes Unwetter auf. Ein heftiger Sturm blies prasselnden Regen aufs Land herab. Ich war vollkommen durchnässt, als man mich fand.

Schmutzig und in zerrissenen Kleidern brachten sie mich zu Henri. Er ahnte, dass etwas Schlimmes geschehen sein musste und war außer sich vor Zorn. Nun hatte er es noch eiliger, mich zu heiraten, damit ich endlich an Einfluss im französischen Hochadel gewinnen würde.

Marie de Mazarin, eine Adelige, die eine überaus starke Verehrung für meinen Henri empfand, wollte den Mann, den ich liebte für sich gewinnen. Sie war eifersüchtig auf unser Glück und hätte mich gern zum Teufel gejagt. Sie empfahl Henri, dass er sich das mit der Hochzeit noch einmal überlegen, und nicht mich, sondern lieber sie zur Braut wählen solle.

Ich war im Salon nebenan, als ich hörte, wie er ihr antwortete: „Ich liebe Euch nicht, Marie. Ihr könnt nicht mehr für mich sein als eine gute Bekannte. Seid mir nicht böse, aber ich muss Euch das sagen, damit Ihr versteht. Glaubt mir, mein Herz ist für Euch leer. So leer wie der Triumph über Feinde sein mag. Bitte vergebt mir."

Henri und ich schlossen unsere Ehe auf dem Manoir seiner Eltern. Wir feierten eine Pomp-Hochzeit und für mich war es ein Tag, an dem mir viel Doppelzüngigkeit begegnete. Fast jeder von Henris Verwandten und Freunden, der mich gezwungenermaßen zu unserer Eheschließung beglückwünschte, ließ mich spüren, dass ich in Adelskreisen nicht erwünscht war. Dennoch machte es mich glücklich, endlich die Ehefrau des von mir geliebten Mannes zu sein. Ein Jahr später brachte ich unseren gemeinsamen Sohn zur Welt. Wir nannten in Albert Louis Baptiste. Ich war glücklich, dass sein zweiter Name Louis war, denn diesen Namen hatte vor langer Zeit mein verstorbenes Brüderchen getragen.

Schafott

Marie de Mazarin hatte mich nie gemocht, doch nun hasste sie mich abgrundtief, denn Henri hatte mich ihr vorgezogen, und das konnte sie mir nicht verzeihen. Immer, wenn sie meinen Weg kreuzte, zischte sie mir zu: „Schäbige Dienstmagd!" oder „Du gehörst nicht hierher!"
Auch ihre Freundinnen hetzte sie massiv gegen mich auf. Sie sollten mich ebenfalls hassen und verstoßen. Einladungen gab es damals viele, aber keine einzige für mich. Man ging sogar so weit, dass den Kindern verboten wurde, mit unserem Sohn zu spielen. Meine Feinde schreckten vor nichts zurück, sogar ein Spottlied hatten sie über mich verfasst. Oft tönte es gehässig durch die Gassen: „Simone ist eine Dienstmagd, Dienstmagd, Dienstmagd. Löcher stopfen kann sie nicht, ist ein dummer, kleiner Wicht!"
Marie hatte ganze Arbeit mit ihrer Hetzkampagne gegen mich geleistet. Sogar die Kinder sangen das Spottlied, weil sie alles nachträllerten, was ihnen zu Ohren kam. Marie wollte mich in den Wahnsinn treiben und sie schaffte es auch.

Meine Ehe litt unter den ständigen Verleumdungen und mein Nervenkostüm zerschliss allmählich immer mehr. Ich fühlte mich ständig verfolgt und wurde krank. Schon lange kam ich meinen ehelichen Pflichten nicht mehr nach. Dann kam der Tag, an dem Marie de Mazarin mich beschuldigte, eine Revolutionärin zu sein. Da ihre Kontakte reichlich und sehr einflussreich waren, hatte sie bald ihr verwerfliches Ziel erreicht, und man unterstellte mir, feindlichen Partisanen, geholfen zu haben, einen beherrschenden Einfluss auf den französischen Hof zu gewinnen. Ich wurde als gefährliche Staatsfeindin Frankreichs verfolgt, und man beschuldigte mich des Hochverrats. Niemand glaubte meinen Beteuerungen, unschuldig zu sein. Sogar mein Ehemann Henri zweifelte schließlich an meinem Anstand und wandte sich einer anderen, jüngeren Frau zu. Madeleine war Anfang Zwanzig und die beiden lernten sich bei einem Pferderennen in Chantilly kennen. Madeleine hatte viel Ähnlichkeit mit mir, wie ich zehn Jahre zuvor war. Henri hatte mich also auch fallen lassen.

Am 11. November traf mich das Schicksal mitten ins Mark. Man machte mir der Prozess. Ich wurde des Hochverrats beschuldigt und musste lange Verhöre über mich ergehen lassen. Die Geschworenen entschieden einstimmig auf „schuldig" und setzten die Hinrichtung für den 14. November an. Man brachte mir Papier und Tinte in mein Verlies und ich durfte einen Brief an die Zurückbleibenden schreiben.
Die Verzweiflung war von mir gewichen. Stattdessen empfand ich eine stumpfe und hilflose Ahnungslosigkeit, was zu tun sei. Wem sollte ich schreiben?
Ich hatte doch fast nur noch Feinde um mich herum.
Mein Kind, dachte ich traurig, hoffentlich glaubt es die Anschuldigungen gegen mich nicht. Vielleicht kennt unser Sohn im Herzen die Wahrheit, hoffte ich und betete. Dann schrieb ich ein paar Zeilen an Henri, in denen ich ihm mitteilte, dass ich ihn liebte und mit denen ich ihm verzieh. Einen langen Brief, in den ich alle Liebe, die in meinem Herzen war, hineinpackte, schrieb ich an mein Kind, den kleinen Albert Louis Baptiste, den ich für immer allein zurück lassen musste. Eine Träne tropfte auf das Papier und die Tinte des Wortes, das ich geschrieben hatte, verlief verschwimmend vor meinen Augen.

Man schrieb das Jahr 1798 und ich, Simone Priol, war dreißig Jahre alt. Während der Französischen Revolution fand ich am 14. November mein schreckliches Ende. Man hatte mir noch einen Priester zur Seite gestellt und beabsichtigte, mich um 12.00 Uhr mittags auf dem kleinen Hügel neben der Kirche, in der ich oft gebetet hatte, zu guillotinieren.

Der Gang zur Guillotine war schlimm für mich. Obwohl ich seltsamerweise innerlich ruhig war, hatte ich schreckliche Angst. Ich fühlte mich allein und hilflos. Auf mein Leben konnte ich keinen Einfluss mehr nehmen, doch auf meinen Tod wohl. Ich bekreuzigte mich und bat Gott um Beistand. Meine Hoffnung war, nach dem Tod bei ihm zu sein und meinen früh verstorbenen kleinen Bruder Louis wieder zu sehen. Dann legte ich meinen Kopf auf den schweren Fallblock.

Ruhig wartete ich ab, was geschehen würde. Als das Fallbeil mich getroffen hatte, merkte ich, dass es eine große Schnittfläche an meinem Kopf gab, der nicht mehr seine vorherige Stellung innehatte. Ich spürte, dass mir die Atmung abhanden kam. Das Ersticken dauerte eine Weile an. Unentwegt habe ich gedacht: Lieber Gott, bitte lass es schnell vorbei sein. Alles, was um mich herum geschah, war mir bewusst. Doch es hörte nicht auf. Sekunde um Sekunde musste ich alles qualvoll ertragen. Körperliche Schmerzen habe ich schon bald nicht mehr gespürt. Aber mein seelischer Schmerz war unvorstellbar und gewaltig. Wenn ich nicht schon tot gewesen wäre, hätte mein grausamer Seelenschmerz mich ganz bestimmt umgebracht.

Ich habe über so vieles nachgedacht. Zum Beispiel fragte ich mich: Warum tun Menschen so etwas mit Menschen und weshalb musste ausgerechnet mir dieses Unglück passieren? Fragen, auf die ich keine Antwort fand. Ich wusste, dass mein Leben vorbei war, aber ich fühlte mein Dasein. Es war definitiv so, dass mein Bewusstsein nach meiner Hinrichtung für alle äußeren Eindrücke fortdauerte. Es schien mir eine Ewigkeit zu sein.

Wenn heute jemand zu mir sagt: „Wenn man tot ist, ist man tot", dann sehe ich das anders, denn ich denke, dass ich es nun besser weiß.

Als ich endlich wieder im Hier und Jetzt war, schlug mir mein Herz bis zum Hals. Mein Puls und Blutdruck waren viel zu hoch. Als Richard für einen Moment den Raum verlassen hatte, sahen Tim und ich uns wortlos an. Wir waren überwältigt und geschockt von dem, was in dem gemütlichen Liegestuhl meines Therapeuten geschehen, und ans Licht gekommen war. Ich wischte mir eine Träne aus dem Augenwinkel. Tim drückte meine Hand und sagte: „Du hast mich, Sandra, das weißt du ja. Ich helfe dir, all das Schlimme zu verarbeiten. Wir schaffen das, okay?"

Ich nickte zweifelnd.

Dann kam Richard mit einem Glas Wasser zurück, das er mir reichte. Er griff nach meiner Dokumentationsmappe und eröffnete das Gespräch: „Sandra, jeder von uns ist in diesem Leben sicherlich nicht zum ersten Mal als Mensch auf Erden.

So kann es natürlich sein, dass wir aus unseren vergangenen Leben Erinnerungen, Erfahrungen, aber auch Verhaltensmuster mitbringen, die alle einen tieferen Sinn haben.

Manche dienen uns als wichtige Erfahrungen für unser jetziges und hiesiges Sein. Aber einige lösen in uns störende Ängste oder Verhaltensmuster aus, die mit den Erfahrungen aus unserem jetzigen Leben nicht zu erklären sind. Dabei denke ich an deine Angstträume vom lebendig Begrabensein.

Unsere Seele kennt alle Ereignisse aus unseren früheren Leben. Einige Erlebnisse, die wir damals nicht lösen konnten, begleiten uns bis ins Heute hinein. Schlimmstenfalls verunsichern sie uns in unserem gegenwärtigen Leben. Doch, wie ich schon sagte: Dieses Wissen ist meistens nur unbewusst.

Bei Menschen, die nicht sensitiv genug sind, die sich nicht entspannen können und nicht mal über ihr Leben nachdenken, was in unserer mit Stress beladenen Zeit für viele unmöglich zu sein scheint, wird dieses Wissen wohl niemals an die Oberfläche geraten. Es kann sein, dass der eine oder andere mal eine Ahnung erfährt, die er jedoch gleich wieder verwirft, weil er sie nicht einordnen kann und glaubt, dass nicht sein kann, was nicht sein darf.

Wir wissen heute, dass es nicht ungewöhnlich ist, dass Erinnerungen und Erlebnisse aus früheren Inkarnationen sogar körperliche Beschwerden im hiesigen Leben auslösen können. Unser physischer Körper steht ja mit unserem Geist und der Seele in sehr engem Kontakt. Immer wieder werden Informationen zwischen physischem und psychischem Leib ausgetauscht. Wie wir wissen, hattest du auch schon gesundheitliche Störungen, Sandra."

„Stimmt, ich war sogar schon tot", flüsterte ich. „Das alles ist unvorstellbar."

„Ja, es ist nur sehr schwer nachzuvollziehen", folgte Tim mit rauher Stimme.

Ich hatte mich wieder gefangen und teilte meine Gefühle mit: „All das ist eine unglaubliche, fast unwirkliche Erfahrung für mich."
Nach einer kurzen Pause fragte ich Richard: „Könnte ich wirklich dieses andere Leben geführt haben und diese arme Frau gewesen sein?"

„Möglicherweise", antwortete er mit ruhiger Stimme.

„Dann ist es also so, dass jeder Mensch mal irgendjemand anders gewesen sein könnte?" Ich schrie es fast heraus.

„Ja, davon kann man ausgehen. Denn der Tod ist nur Grenz-
stein des Lebens, aber nicht des Daseins. Das ist vielleicht auch
der Grund dafür, dass jeder Mensch seine eigenen Maßstäbe
hat, wonach er die Dinge, außer sich selbst, bemisst. Dabei
denke ich an die moralischen Bewertungen, die nicht nur durch
das aktuelle Leben begründet sind."

„Das ist einfach Wahnsinn!" befand ich kopfschüttelnd.

„Einen Beweis für die Stimmigkeit deiner Erfahrungen gibt es
natürlich noch nicht. Um Konkretes sagen zu können, müssen
erst einmal Recherchen unternommen werden."
Erwägend klappte Richard Wessling die Dokumentationsmappe zu, legte seine Hände darauf und sah zuerst Tim, dann mich
an.
„Willst du das überhaupt?" fragte mich Tim skeptisch und zog
die Oberlippe hoch.
„Aber ja! Auf jeden Fall!" rief ich. Mir war klar, dass ich wissen wollte, ob das von mir bei meiner Rückführung Erlittene
wirklich und echt war, und ob die Erlebnisse, die ich in
Frankreich hatte, tatsächlich die Menschen betrafen, die offensichtlich auf irgendeine Weise etwas mit mir zu tun hatten.
„In Ordnung, Sandra, morgen beginnen wir von mir aus mit
den Recherchen."
Richard hielt mir seine Hand hin und ich schlug ein. Danach
hielten wir Tim unsere Hände hin, damit auch er einschlug.
Zuerst sah er unschlüssig aus, dann sagte er: „Ich glaube nicht,
dass das so eine gute Idee ist. Was wir herausfinden, wird dich
stark belasten, da bin ich mir sicher, Sandra. Ich denke nicht,
dass das wirklich vorteilhaft für dich ist. Wir sollten doch besser Abstand davon nehmen, in diese schlimme Zeit weiter
einzutauchen und sie einfach ruhen lassen."

„Aber nein! Nichts kann noch schlimmer sein, als das, was ich bis jetzt bei den Rückführungen erlebt habe, oder?"

„Hm, wenn du meinst, dass du das unbedingt noch mal haben musst…"

Tim schüttelte verständnislos den Kopf. Nach kurzem Überlegen schlug auch er ein.

Ich dachte lange darüber nach, was mir in den letzten Stunden widerfahren war. Woher kamen meine Erinnerungen an ein anderes Leben? War es mein Gehirn, das mit der Wirklichkeit und der Körperphysiologie arbeitete? Welche Bausteine nutzte es, wenn ich nachts träumte? Waren es etwa die gleichen Stoffe, durch die es mir bei meiner Rückführung die authentisch gefühlte Betrachtung von früheren Zeiten ermöglichte? War es wirklich die Wahrheit, die ans Tageslicht gekommen war?

Wo unsere Welt endet, beginnt unsere Phantasie. Doch es war leibhaftig und echt, was ich erlebt hatte. So etwas wie diese einzigartigen Personen, die einem mit ihren Namen und unverwechselbaren Charakteren begegnen, kann man sich doch nicht in allen Einzelheiten, nur mit Hilfe seiner Phantasie, einbilden. Ich stellte mir die Frage, was eigentlich bei einer Rückführung geschieht. Ist es die Auflösung des Ichs, das einen in der Meditation dieses Gefühl der Entgrenztheit erfahren lässt?

Für mich kann ich jedenfalls behaupten, dass ich das Kennenlernen meiner verborgenen, inneren Welten als eine Bereicherung erfahren habe.

Die Ergebnisse der Recherchen waren nur teilweise von Erfolg gekrönt. Da es im deutschen Sprachraum seit 1530 Kirchenbücher gab, hoffte ich, Lebensspuren von Elsa Schindler, die 1607 geboren war, zu finden. Leider gab es in keinem, der in Betracht kommenden Kirchenbücher, einen Hinweis auf ihre Existenz. Auch die Familie von Rosenheim und Baron von Hettfeld fanden wir leider nicht.

Ich war enttäuscht. Was bedeutete das? Dann erhielt ich einen Brief vom Kirchenamt, in dem stand, dass von der betroffenen Region ausgerechnet die Jahrgänge um 1600 nicht hinterlegt seien. Ich erfuhr, dass antiquarische Kirchenbücher schon mal auf Trödelmärkten zum Kauf angeboten würden. Solchen Verkäufern stand der eigene Geldverdienst über dem unschätzbar historischen Wert für das allgemeine Interesse. Diese neue Erkenntnis half mir allerdings nicht weiter. Was war mit Elsa Schindler? Ich hatte von ihr bestimmt nicht alles nur geträumt!

Zwei Wochen nach dem Misserfolg dieser ergebnislosen Recherche erhielten wir die Nachricht eines Kirchenamtes in der Nähe von Freiburg, dass es dort eine 1939 geborene Florentine Meitinger gegeben hatte, die am 11.08.1963 im Alter von vierundzwanzig Jahren gestorben war, genau am Tag meiner Geburt. Innerlich war ich ungeheuer aufgewühlt. Tim und ich reisten in den kleinen Ort, der nicht weit von der Schweizer Grenze entfernt war, checkten im Hotel Garni ein und sahen uns in der Gegend um.

Zwar kam mir der alte Stadtkern mit der Kirche bekannt vor, aber ich bin in meinem Leben als Kassandra schon sehr oft in ähnlichen Orten gewesen. Also wollte ich meine Déjà-vu-Empfindungen nicht überbewerten. Darum kann ich auch keine spektakulären Angaben darüber machen, was mir alles bekannt vorkam. Ich war nicht wirklich sicher, den Ort meiner frühen

Wurzeln entdeckt zu haben, was ich mir eigentlich erhoffte. Tim und ich hatten Glück und fanden in dem Ort sogar noch lebende Familienangehörige von Florentine. Richard hatte uns zu Bedenken gegeben, dass wir vorsichtig sein sollten. Denn die Information darüber, auf diese ungewöhnliche Art und Weise miteinander verbunden zu sein, könnte Probleme nach sich ziehen. Man konnte nicht voraussehen, wie jemand auf so eine ungewöhnliche Nachricht psychisch und physisch reagieren würde. Darum habe ich klar beschlossen, das Leben von Florentines Familie nicht durch das, was ich während meiner Rückführung als Flori erlebt hatte, in irgendeiner Form aus den Fugen geraten zu lassen.

Auch der zweite Treffer gelang uns bald: Simone Priol, später Fouquet, wurde tatsächlich während der Französischen Revolution wegen Hochverrats angeklagt und guillotiniert. Eine diesbezügliche amtliche Dokumentation enthielt auch die Information, dass sie auf keinem Friedhof begraben, sondern in einem Massengrab entsorgt wurde. Simones Geburt in Avignon war leider nicht mehr nachzuweisen.
Eine weitere interessante Erkenntnis war, dass die Hetzerin Marie de Mazarin, die Simone wegen ihrer Intrigengespinste auf dem Gewissen hatte, nur zwei Jahre nach Simones Guillotinierung, als Wahnsinnige in die französische Geschichte einging. In geistiger Umnachtung hatte sie das Schloss, in dem sie verweilte, angesteckt, und sich dabei selbst umgebracht.

Ich war zufrieden mit den Rechercheergebnissen, wenn mir auch die Vorstellung eine Gänsehaut bereitete, dass ich selbst die Fortsetzung dieser traurigen Menschenschicksale zu sein schien. Doch trotz der Aufdeckung all meiner Rückführungsresultate endeten meine Träume von Enge, Angst und dem lebendig Begrabensein nicht. Deshalb ging es mir oftmals immer noch sehr schlecht. Obwohl mir Tim davon abriet, entschloss ich mich zu einem weiteren Rückführungstermin. Tim war wahrhaftig davon überzeugt, dass noch weitere von mir erlebte Menschenschicksale, die ich als meine eigenen empfinde, bei mir zum Exitus führen könnten. Ich jedoch verwarf seine Bedenken, hörte nicht auf ihn und wollte endlich meine belastenden Albträume loswerden.

Der Tag der nächsten geplanten Rückführung war gekommen. Gleicher Ort, gleiches „Spiel". Mittlerweile war es für mich tatsächlich fast wie ein Spiel geworden. Trotz allen Ernstes, der für mich dahinter stand, war es ein spannendes Spiel, in dem ich die Hauptakteurin, mit immer verschiedenen Gesichtern, sein durfte.
Ich?
Oder wer sollte es dieses Mal sein?
War das Leben eigentlich nur ein Spiel und je nachdem, wer den besten Zug hat, gewinnt? Und der, der keine guten Karten hat, muss verlieren und untergehen?
Tim war diesmal nicht bei mir. Ich hatte ihm meinen Termin verschwiegen, denn ich wusste, dass er versucht hätte, ihn mir auszureden. Der Zeitpunkt kam und ich machte es mir auf der Liege bequem. Dort sann ich vor mich hin. Ich war angespannt. Welche Visionen würde ich jetzt haben? Unruhe überkam mich und ich hatte große Angst, erneut etwas Schlimmes aufzudecken.
Richard schaffte es schließlich, mich mit seinen ruhigen, bedachten Worten in die Entspannung zu geleiten. Er stellte mir seine Fragen, die ich ihm, wie schon während der vergangenen Sitzungen auch, gewissenhaft beantwortete. Plötzlich fand ich

mich in grauer Vorzeit wieder, in deren Tiefen keine Lieder und keine Sagen zurückreichen.

„Wo bist du? Welches Jahr schreibst du gerade?"

„Überall ist Sand. Ich bin in der Wüste, es ist das Jahr 1006 vor Christus."

„Weißt du, wo du in der Wüste bist? Wie heißt du?"

„Ich heiße Ammon und lebe in Ägypten."

„Wie alt bist du, und was tust du dort?"

„Ich bin vierunddreißig Jahre. Jetzt bin ich zu Pferd unterwegs und reite auf den alten Friedhof am Wüstenrand zu, wo die Könige liegen. Von dort aus bin ich bald in der Stadt. Ich habe Schätze bei mir, die ich geraubt habe."

„Du hast Schätze geraubt?"

„Ja, Gold, Silber und Edelsteine. Ich bin ein reicher Mann."

„Und jetzt?"

„Will ich meinen Schatz verstecken."

„Erzähle, was du getan hast und was du als Ammon erlebst."

Durch die Geschichte, die ich dann durchlebte und erzählte, wurde mir später klar, dass ich vielleicht hätte gerettet werden können, wenn Ammon seine Grausamkeit bereut hätte. Aber er bedauerte nichts von dem, was er angerichtet hatte. Er schwor bei seinem Schwert, dass er nichts Unrechtes getan habe. Mein Gefühl sagte mir, dass ich selbst „Ammon" war und schwere Schuld auf mir lastete. Ich hatte mir in unrechtmäßiger Art und Weise enorme Reichtümer erworben. Das empfand ich als mein gutes Recht, um selbst zu überleben. Es begann damit, dass ich Gräber geplündert hatte. Weil ich nicht genug vom Mammon bekommen konnte und immer mehr Diebesgut anhäufte, beging ich eines Tages zwei Raubmorde. Ich hatte ein Haus überfallen, um Gold, Seide und Teppiche zu stehlen. Der Hausbesitzer war Yasuf von Theben, ein steinreicher Teppichhändler. Er schlich sich lautlos heran und überraschte mich, als ich gerade meine Beute zusammenpacken wollte. Drohend stand er mitten im Raum. Als ich ihn bemerkte, war ich gerade über das eingesäckelte Gold gebeugt. Er hatte die Hand an seinem Schwert und schrie mich an: „Warum nimmst du, was dir nicht gehört?! Fahr zur Hölle, du Dieb!"
Ich dachte, er würde das Schwert aus der Scheide ziehen, kam ihm zuvor und erstach ihn flink mit meinem Dolch.
„Wer töten will, soll töten und nicht quatschen", murmelte ich, als ich meinen Dolch aus seinem Herzen herauszog. Die Frau des Mannes, die das Geschrei gehört hatte, kam herbeigeeilt. Als sie ihren toten Mann blutend am Boden liegen sah, jammerte sie und beschimpfte mich. Mit einem Hieb schlug ich ihr den Kopf ab, damit sie endlich aufhörte zu keifen. Dann sprang ich hastig mit meiner reichen Beute zur Tür. Plötzlich stand ein kleiner Junge mit angstvoll weit aufgerissenen Augen im Eingang. Seine dunklen Augen blitzten mir fragend entgegen und schauten mich geradeheraus an. Er rief nach seinen Eltern, die

auf dem sandigen Boden in ihrem Blut lagen und nicht antworteten, weil sie tot waren. Getötet durch mich. Weinend lief der Bub davon. Ich hatte die Eltern eines kleinen Kindes getötet, um an deren Reichtümer zu gelangen. Dem Kleinen ließ ich sein Leben. Erst viel später habe ich erfahren, dass sein Name Akim war.

Ich war eine weit bekannte, populäre Persönlichkeit in meiner arabischen Heimat. Meinen Palast baute ich in der Nähe von Abdju am Nilufer. Mein Leben führte ich in Saus und Braus. Die Menschen kannten damals kein Geld. Sie lebten vom Tauschhandel. Sie tauschten Getreide gegen Halsbänder, Schweine gegen Holztruhen, Gemüse gegen Töpfe. Zum Abmessen von Mengen verwendeten die Ägypter Stein- und Metallgewichte. Ich hatte es nicht nötig, zu tauschen. Denn ich besaß Goldbarren, wertvolle Ringe, Figuren aus Gold und Silber und Silber-, Gold- und Kupfermünzen. Um meine edlen Schätze zu verstecken, beschloss ich, einen verfallenen Tempel käuflich zu erwerben und wieder herrichten zu lassen. Zwei vor dem Tempeleingang umgestürzte Stein-Obelisken wurden wieder aufgerichtet. Sie vereinigten die steingewordenen Strahlen des Sonnengottes in sich und waren für mich die Verbindung zur Götterwelt. Über dem Eingang prangte ein großer Sphinx, der den Tempel bewachte. Meine neue Errungenschaft diente meiner Alibifunktion, die ich geflissentlich pflegte. Überall ließ ich verlauten, dass ich mich später einmal in meinem eigenen Tempel bestatten lassen wolle. Jeder sollte wissen, dass ich nach meinem Tode nicht wie die Könige auf dem Friedhof am Wüstenrand begraben sein würde. Ich wollte in meinem individuell gestalteten Tempel darauf warten, bis ich dem Sonnengott Re auf seiner Barke am Himmel begegnete und mit all meinen Reichtümern ins ewige Leben übergehen konnte."

© S.G.

Ende in Ägypten

In diesem Tempel, der den Namen Aschajit trug, wies ich also meine zukünftige Grabstätte aus. Damit hatte ich ein gutes und sicheres Versteck für meinen fetten materiellen Besitz, den ich in einem riesigen, tönernen Krug, der mit Sand gefüllt war, vergraben wollte. Über dem Sarkophag befand sich eine steinerne Decke, die von mehreren riesigen, mit Sand gefüllten Tonvasen, gehalten wurde. Würde man diese Vasen nach meinem späteren Tode zerschlagen, setzte dies einen Schließmechanismus in Gang. Der Sand würde herausrieseln und die Steinplatte könnte langsam herabsinken, um den Sarg zu verschließen. Die größte dieser Amphoren wählte ich als Versteck für meine Schätze aus, die ich mir mit der Zeit zusammen gestohlen hatte. Zur Fertigstellung meines Tempels hatte ich zwei Baumeister beauftragt, die über die Funktionsmechanismen meiner zukünftigen Totenstätte bis ins kleinste Detail informiert waren. Als das Bauwerk fertig war und ich den Schatz, gesichert vor Dieben, dort verstecken wollte, tötete ich die beiden kaltblütig, damit sie niemandem mein Geheimnis verraten konnten.

Mein Reichtum wuchs stattlich an. Es ging mir sehr gut. Weil ich viele Goldbarren hatte, besaß ich Macht und Einfluss. Gold im alten Ägypten war außerdem ein Symbol von Prestige und Unsterblichkeit. Die Menschen verehrten mich wie einen edlen König, und ich konnte sie mir kaufen, wie es mir gerade beliebte und sie wieder loswerden, wenn mir der Sinn danach stand. Niemanden interessierte es, wenn ich mich widerlich benahm, oder wenn ich meine Mitmenschen schlecht behandelte, denn ich besaß ja Reichtum. Wer reich war, durfte alles. War einer reich, durfte er selbstverständlich auch das tun, was Menschen ohne Vermögen sich niemals hätten erlauben dürfen, weil man sie hart dafür bestraft hätte.

Doch es gab jemanden auf der Welt, der meinem herrlichen Leben ein baldiges Ende bereitete. Ein kleiner Junge hatte mich nie vergessen. Viele Jahre lang hatte er stets danach getrachtet, größer, stärker, und endlich erwachsen zu werden, um mich zu finden und zu töten. Ohne Gnade wollte er den Mord an seinen Eltern rächen. Es war Akim, der kleine Junge von damals, den ich am Leben gelassen hatte.

Es war zu der Zeit, als die Erde bedrohlich ins Taumeln geraten war, sodass wir Ägypter dachten, der Weltuntergang sei nun gekommen. Ich kam gerade vom Schwimmen aus dem Nil und wollte zwei meiner sechs Frauen beglücken. Ihre Namen waren Kija und Nefer. Sie waren liebreizende Wesen und ich stieg mit starkem Begehren in meinem Leib auf mein Pferd. Bevor ich zu ihnen eilen konnte, bemerkte ich, dass vier Männer zu Pferd schnell auf mich zuritten. Auf einen Angriff war ich nicht vorbereitet, und bevor ich mein Schwert ergreifen konnte, hatten die Männer mich schon umzingelt und überwältigt. Sie fesselten mich und schleiften mich zu ihren Pferden. Danach ritten sie mit mir in die Wüste. Dort wartete ein junger Mann auf uns, der einen schwarzen Umhang trug. Sie warfen mich ihm vor die Füße. Seine großen, dunklen Augen sahen mich hasserfüllt an. Er lüftete seinen Umhang, zog seinen Säbel und hielt mir die Spitze an meine Brust.

„Auf diesen Tag habe ich lange gewartet", sprach er scharf. Ich wimmerte: „Was wollt Ihr von mir? Was habe ich Euch getan?"

Angstvoll starrte ich auf den Säbel des Jünglings. Seine dunklen Augen funkelten, als er sagte: „Ich bin Akim. Ich bin hier, um den Tod meiner Eltern zu rächen."

Mit leichter Hand hob er den Säbel an und durchschnitt mit ein paar blitzschnellen Handbewegungen die Luft über mir. Dann ließ er seine Waffe sinken und forderte seine Gefährten mit einer kurzen Kopfbewegung und den Worten auf: „Tötet ihn!" Sofort stürzten die vier Männer sich auf mich, rissen mich hoch und warfen mich in ein Loch, das bereits in den Wüstensand geschaufelt worden war. Sie deckten mich mit Sand zu und gruben mich bis zum Hals ein, so dass nur noch mein Kopf aus dem Sand herausragte.

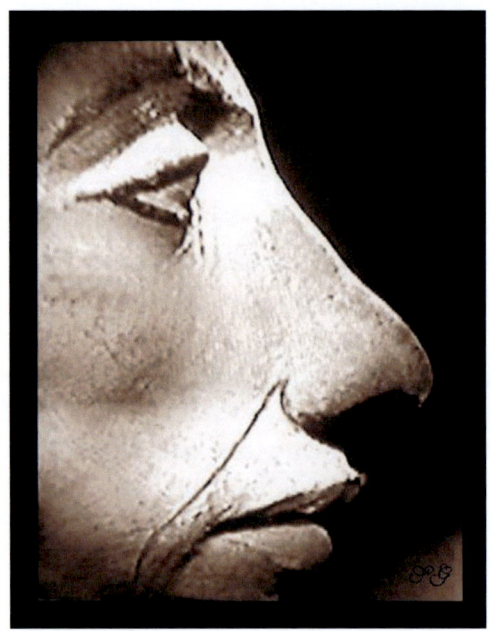

Die Atemluft wurde schnell weniger, weil meine Atemhilfs-
muskulatur meinen Brustkorb nicht mehr heben und senken
konnte. So schwer lastete der Sand auf mir. In dem Moment
meiner größten Angst dachte ich: Ich, Ammon, der Gottver-
bundene, habe mein Leben lang nur gesündigt und meinem
Namen keine Ehre gemacht. Das ist wohl der Grund, warum
sich die Bedeutung meines Namens, der eigentlich eine lange
Lebensdauer verspricht, nun doch nicht erfüllt. Es war aber
doch mein gutes Recht, reich zu sein... wenn auch um jeden
Preis. Ich wollte doch immer nur gut leben. Wer konnte mir das
verdenken?...
Meine Augen füllten sich mit Tränen. Mein Leben würde vorbei sein, und allen materiellen Reichtum musste ich zurücklassen. Akim und seine Gehilfen, fünf Männer zu Pferd, ritten
über mich und schon der zweite oder dritte Hufschlag gegen
meinen Schädel mag tödlich gewesen sein. Dennoch habe ich
es bewusst miterlebt, wie Akim und seine Freunde ihre Pferde
zwangen, immer wieder über mich zu reiten, bis mein Kopf wie
Mus im Sande lag, und ich schon lange tot war.

Spuren in Paris

Meine letzte Rückführung war wieder einmal katastrophal für mich. Welchen Hass musste der arme, kleine Junge entwickelt haben, dass er als junger Mann zum Mörder wurde. Er hatte sogar Pferde benutzt, um auf ein lebendes Ziel zuzureiten, was damals selbst unter Banditen verpönt war. Und diese Entwicklung nahm er, weil ich schuld am Tod seiner Eltern war. Ich fühlte mich mit außerordentlich großer Schuldigkeit beladen. Ich wusste plötzlich, das Schuld und Leid untrennbar mit dem menschlichen Dasein verknüpft waren.
Qualvoll hatte ich den furchtbaren Zustand vom lebendig Begrabensein in der Wüste erlebt. Meine Todesangst nahm mir den Atem, doch niemand rettete mich aus meiner Not. Die Marter dieses Erlebens war entsetzlich und grausamst.

Richard hatte es schon längst versucht, doch er schaffte es nicht, mich ohne Probleme ins Hier und Jetzt zurückzuholen. Der Stress war zu viel für mich. Ich bekam akute Atemprobleme und einen Adrenalinschock, der bei mir Herzrhythmusstörungen auslöste. Als ich kollabierte, setzte mir der eiligst herbeigerufene Notarzt eine Spritze Lidocain. Ich musste beatmet, und zur weiteren Beobachtung in die Klinik gebracht werden.
Als ich wieder zu mir kam, war ich ein anderer Mensch als der, der ich vorher gewesen war. Früher hatte ich geglaubt, viele Seiten des Menschlichen in mir zu vereinen. Ich war aber auch davon überzeugt, dass ich bis auf ein paar kleine Sünden, um deren Vergebung ich mir eigentlich sicher war, ein sogenannter „Gutmensch" sei. Oftmals im Leben habe ich mich durch ungerechte Behandlung als Opfer gefühlt. Nach dieser Rückführung

aber war mein Selbstbild erheblich ins Wanken geraten. Ich war vollkommen durcheinander, schämte mich sehr für die offensichtlich dunkle Seite in mir und war froh, dass Tim dieses Mal von der Rückführung nichts mitbekommen hatte. Richard hatte ihn telefonisch über meinen kritischen Gesundheitszustand informiert, als ich bereits im Krankenhaus lag.

Etwas später saß Tim auch schon an meinem Bett. Er war enttäuscht und sehr ärgerlich, dass ich hinter seinem Rücken agiert hatte. Er warf mir Verantwortungslosigkeit vor, weil ich durch meine eigene Schuld nun wieder mal mit gesundheitlichen Problemen zu kämpfen hatte.

Tim umarmte mich nicht, stattdessen schimpfte er: „Es muss eine Lösung gefunden werden. Erst wenn du dir den ganzen Unsinn aus dem Kopf schlägst, bist du dein Problem los! Du bist auf dem besten Wege, verrückt zu werden, wenn du mit diesem Hypnose-Irrsinn nicht aufhörst, Sandra!"

Seine Stimme klang erregt und war etwas lauter, als ich es sonst von ihm gewohnt war. Wahrscheinlich war es die Sorge um mich, die ihn so fahrig wirken ließ, dachte ich und sah über sein liebloses Verhalten hinweg. Denn ich wusste genau, dass ich heimlich gegen seinen Rat gehandelt hatte, was nicht richtig gewesen ist, obwohl es für mich sehr wichtig war.

Tim verlangte von mir, dass ich mich unverzüglich von meinem Therapeuten, den er verantwortungslos und grob fahrlässig fand, trennen sollte. Dabei hatte ich mich schon so sehr an Richard, als meinen Vertrauten gewöhnt, dass mir ein Schlussstrich unter diese Therapie sicher sehr schwer fallen würde. Ich hatte Angst, dass Tim mich nicht mehr liebte. Er war gar nicht mehr so herzlich wie sonst. Sollte es mir jetzt etwa wie Simone ergehen, die von ihrem Henri fallengelassen wurde? Ich war unsicher und traurig, weil etwas zwischen Tim und mir zu stehen schien.

Bald schon löste Tim das Rätsel seines ungewöhnlichen Verhaltens mir gegenüber auf. Einerseits zu meiner Freude, weil er beschwor, dass seine Gefühle zu mir sich zwar geändert hätten, aber stärker geworden seien. Andererseits hatten wir ein neues Problem. Tim stand kurz vor der Arbeitslosigkeit. Sein Firmenchef, der sich lange Zeit gegen die Globalisierung gestellt, und seine Mitarbeiter nicht entlassen hatte, musste Insolvenz anmelden. Weil er es lange Zeit nicht übers Herz gebracht hatte, seine Leute in die Arbeitslosigkeit zu schicken, konnte er letztendlich dem gnadenlosen Wettbewerb nicht mehr standhalten und stand vor dem finanziellen Ruin.

Tim war mutlos, denn nun waren wir beide ohne Arbeit. Unter diesen Umständen hätte ich mir die teuren Rückführungen sowieso nicht mehr leisten können. Das war mir klar. Immerhin kostete jede Sitzung eine kleine Stange Geld. Innerlich distanzierte ich mich allmählich von dem Gedanken, die Therapie bei Richard weiter fortsetzen zu wollen.

Eines Morgens beim Frühstück bat mich Tim: „Sandra, bitte gehe nicht mehr zu Richard. Ich mache mir große Sorgen, dass du am Ende drüben bleibst, wann und wo auch immer das sein mag."

Ich beruhigte ihn und seufzte: „Mach dir keine Sorgen, ich werde es bestimmt nicht wieder tun. Ich habe viel zu große Angst, dass ich mich noch einmal als Massenmörder irgendwo wiederentdecke."

Ich mochte nicht mehr in irgendeiner Vergangenheit herumrühren, denn ich hatte nachgedacht und fand meine Reisen in vergangene Zeiten plötzlich beängstigend und dazu noch gefährlich. Bisher war für mich die Grenze zwischen Leben und

Tod unbestimmt und dunkel. Das hatte sich seit meinen Ausflügen in die Geschichte geändert. Das, was ich bisher beim Blick über diese Grenze gesehen hatte, reichte mir.

Also war das Thema für uns beide erledigt. Wir mussten uns finanziell einschränken und von unseren Ersparnissen leben. Trotzdem waren wir glücklich, weil wir zusammen waren.

Eines Tages traf überraschend eine wichtige Nachricht bei uns ein. Es war die freundliche Einladung einer Familie Fouquet, an die Richard vor einiger Zeit bei seinen Recherchen bezüglich Simone Priol, herangetreten war. Die Fouquets, die in der Rue de légalité in Paris lebten, luden uns zu sich nach Hause ein. Sie kündigten an, etwas über Simone zu wissen.

Tim und ich plünderten unsere Ersparnisse und reisten nach Paris. Dort trafen wir die Nachfahren der Madeleine Fouquet, die nach dem Tode von Simone, Henri Fouquet geheiratet hatte. Die beiden hatten zwei Kinder bekommen, bevor er bei einem Reitunfall starb. Es waren ein Junge und ein Mädchen mit den Namen Francois und Jeanne.
Tim beherrschte die französische Sprache viel besser als ich. Doch auch ich schaffte es ganz gut, mich mit den Fouquets zu verständigen. In der Pariser Rue de légalité wohnten sie in einem mächtig emporragenden Hochhaus. Genau gegenüberliegend befand sich ein riesiger Friedhof, der von einer hohen, grauen Mauer umschlossen war. Die Fouquets wohnten in der zwölften Etage. Wir traten an das Fenster und hatten eine fantastische Aussicht. Von oben konnte man direkt auf den riesengroßen Friedhof blicken. Die Familie berichtete uns, was sie über ihre Vorfahrin wusste. Madeleine hatte ihren Kindern und Enkelkindern die dramatisch-unglückliche Geschichte der Simone Fouquet erzählt und die hatten sie irgendwann aufgeschrieben. Auch ein teilweise abgeblättertes Ölbild von Simone, das den Aufzeichnungen hinten angefügt war, hatte sie hinterlassen.

Ich starrte ungläubig auf das Bild und erkannte **die** Simone wieder, die ich während meiner Rückführung gewesen war. Meine Augen füllten sich mit Tränen. Bewegt las ich die

Erinnerungen an Simone. Nach einem kleinen Imbiss fuhren die Fouques mit Tim und mir nach Avignon und zeigten uns den Ort, in dem ihre Ahnfrau Madeleine vor über zweihundert Jahren gelebt hatte. Sie führten mich auch auf die Spuren von Simone. Waren es Spuren meiner eigenen Vergangenheit?

Die Stadt an der Rhône war wunderschön. Wir standen am linken Flussufer und blickten hinüber zur Stadt Villeneuve-lès-Avignon, die sich am rechten Ufer der Rhône befand. Die charmante Altstadt von Avignon war von einer noch intakten und imposanten Befestigungsmauer umgeben. Wir bewunderten die prächtigen, mittelalterlichen Häuser dieser Stadt und blickten auf die Rhône-Brücke Pont St. Bénézet aus dem zwölften Jahrhundert. Mir ging das Lied durch den Kopf, und leise fing ich an zu singen:

„Sur le pont d'Avignon
On y danse, on y danse
Sur le pont d'Avignon
On y danse tout en rond."

Tim, der neben mir stand, drückte meine Hand. Die Brücke kam mir irgendwie bekannt vor. Ich überlegte, warum sie mir so vertraut schien. Hatte ich sie schon einmal im Fernsehen gesehen oder kannte ich sie, weil ich vor vielen Jahren selbst schon hier war?
Ich erinnerte mich daran, dass meine Eltern Klaus und Marianne mit mir, als ich noch ein Kind war, mit dem Wohnmobil eine Frankreichtour unternahmen. Damals hatte ich viele französische Städte gesehen. Ich erinnere mich heute noch an „Dune du Pyla", die größte Düne Europas in Arcachon. Jeden Tag hatte ich damals ihre einhundertsiebzehn Meter Höhe be--

zwungen, weil sich unser Campingplatz, auf dem wir wohnten, direkt neben dieser Düne befand. Wahrscheinlich sah ich damals auch Avignon und diese Brücke, spekulierte ich.

Fasziniert blickte ich auf die vier Brückenbögen und rief aus: „Wie formvollendet diese Bögen sind!"

Ich war sicher, die Brücke genau so schon einmal vor meinen eigenen Augen gesehen zu haben.

Daraufhin erklärten unsere Gastgeber: „Es waren einmal zweiundzwanzig Brückenbögen. Nur diese vier sind noch erhalten. Die anderen wurden 1660 bei einer Flut zerstört."

Das bedeutete also, dass die Brücke zu Simones Zeit im 18. Jahrhundert genauso ausgesehen hatte wie jetzt, überlegte ich aufgeregt. Es war ein Wandeln auf spannenden Pfaden der Vergangenheit einer schicksalsbehafteten Frau, deren Leben und Ende mich sehr berührte. Aber es gab keinen stichhaltigen Beleg, dass ich hätte sicher sein können, selbst schon einmal in Avignon gelebt zu haben. Den sicheren Beweis dafür, dass das, was ich unter Hypnose erlebt hatte, mein eigenes Schicksal war, konnte ich eigentlich nicht antreten.

Wir hatten eine wundervolle Zeit in Frankreich. Tim und ich verbanden uns in herzlicher Freundschaft mit den Fouques. Das nächste Treffen war schon vereinbart. Es sollte bei uns in Deutschland stattfinden.

„Heim" nach Ägypten

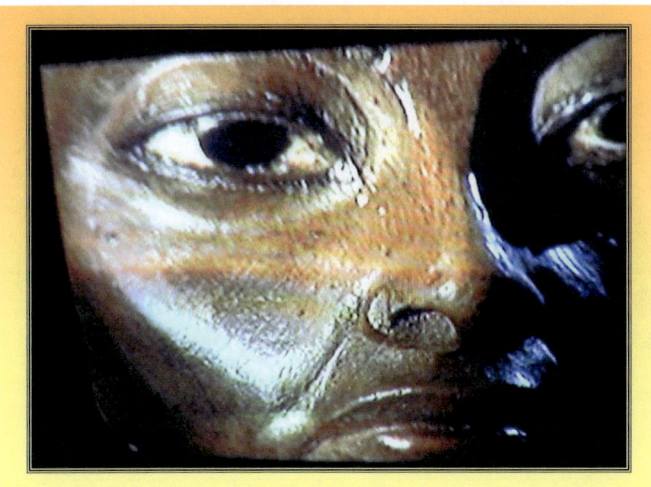

Nur nach und nach hatte ich es fertig gebracht, Tim von meinen Erlebnissen als Ammon zu berichten. Selbst die schlimmsten Geschehnisse in dessen Leben verschwieg ich ihm nicht. Ich distanzierte mich aber von seinen Taten, weil ich dieses Mal von ihm und nicht von mir erzählte.

Tim fand heraus, dass der altägyptische Ort Abdju, den ich während der Rückführung benannt hatte und in dessen Nähe Ammon lebte, Abydos ist. Als er mir das mitteilte und ich einen ersten Anhaltspunkt auf Ammons Herkunftsort, der heute noch zu bestehen schien, hatte, machte mich das überaus glücklich. Ahnungslos darüber, wonach wir auf der Suche waren und warum unser Traumziel das Land der Pharaonen war, spendierten meine Eltern uns den Urlaub in Ägypten. Sie hofften, dass wir dort Entspannung finden, und neue Kraft für unseren beruflichen Neuanfang tanken würden.

Am 12. September flogen wir von Frankfurt am Main bis nach London und von dort aus weiter nach Kairo. Offiziell wurde dort Arabisch gesprochen, aber die meisten Ägypter sprachen auch ein wenig Englisch. Wir mieteten uns eine kleine, unauffällige Wohnung in Kairo und besorgten uns einen Pickup als Leihwagen.

Von Kairo aus reisten wir als Touristen zu den altägyptischen Denkmälern nach Abu Simbel, wo Pharao Ramses II. mit monumentalen Bauten seine Macht demonstrierte. Wir besuchten, etwa zwölf Kilometer von Kairo entfernt, Giseh mit seinen weltberühmten Pyramiden. Die überragenden Grabmale hatten als Reliquien einer unfassbaren Vergangenheit die Stürme aller Zeiten überdauert. Die gigantische Pyramide des Cheops, die großartige Chephren-Pyramide und ebenso die Mykerinos-Pyramide befinden sich dicht beieinander. Es war sehr beeindruckend, eines der sieben Weltwunder der Antike, aus der Mitte des dritten Jahrtausends vor Christi, zu besichtigen. Es war ein Ort voller Magie, der einst für die Ewigkeit gebaut worden war. Staunend standen Tim und ich vor den Baudenkmälern. Ich dachte ehrfürchtig: Mein Gott, da steht ein fast hundertfünfzig Meter hoher und über dreißig Millionen Tonnen schwerer, künstlicher Berg aus Sandstein als Königsgrab und verzaubert uns, die wir hier als Zeuge einer längst vergangenen Epoche stehen!

Der Sphinx, der ungefähr 2700 bis 2600 vor Christi aus einem einzigen Felsbrocken herausgemeißelt wurde, liegt nahe der Chephren-Pyramide. Das Monument, das seit über 4500 Jahren der Zeit trotzte, war zu dem Zeitpunkt, als wir dort waren, von Flugsand befreit worden und in ganzer Größe zu sehen. Der Sphinx wirkte gigantisch, universell!

„Der Wächter bewacht die Königsgräber", schoss es mir durch den Kopf, und ich war erstaunt über meine rationalen Gedanken. Mir war, als hätte ich dieselben Schlüsse schön öfter mal gezogen. Es schüttelte mich und ich bekam eine Gänsehaut. Früher hatte ich viel über Ägyptologie gelesen, auch dass der Sphinx sehr viel älter, als die Pyramiden ist. Schon Herodot sprach von Ägypten als Geschenk des Nils und er hatte weiß Gott Recht. Ich spann meine Gedanken immer weiter und versank in die mystischen Dimensionen der verhüllten Vergangenheit.

Tim unterbrach meine Überlegungen: „Komm Sandra, lass uns weiterziehen. Du weißt, wir sind nicht nur wegen der Sehenswürdigkeiten hergekommen, sondern weil wir nach Abydos wollen. Wir haben noch einen weiten Weg vor uns. Darum lass uns jetzt planen, wie es weitergehen soll."

Wir hätten gern noch mehr von Ägyptens berühmten Baudenkmälern gesehen. Doch wir verschoben es auf später. Zunächst stand die Erfüllung unseres Plans auf dem Programm.

Tim und ich konnten uns ganz gut in englischer Sprache verständigen und hatten bald sogar jemanden gefunden, der uns für ein paar Piaster in unserem Leihwagen begleitete, um uns in die Gegend von Abydos zu führen. Als wir in der antiken Stadt am westlichen Nilufer eintrafen, brannte die Sonne unerträglich heiß und die Luft war staubtrocken. Babak, unser Begleiter, zeigte uns den Tempel des Sethos I., und Altertümer, die rings um die Stadt verteilt waren. Neugierig sah ich mich um, während wir mit dem Wagen durch trockenes, staubiges Gebiet rollten. Nach einiger Zeit verfing sich mein Blick an einer großen, umgestürzten Säule, die die Form eines Obelisken hatte. Sie lag zwischen mehreren alten, verfallenen Gemäuern, die in einiger Entfernung vor uns zu sehen waren. Gebannt starrte ich auf die Stelle. So heiß und trocken die Luft auch war, schien dort fast alles von Sträuchern und Gestrüpp überwachsen zu sein. In der Nähe waren einige Sand- und Steinhaufen hochgeschichtet.

„Was sind das für Steine dort?" fragte ich unseren Begleiter und deutete auf den Ort, der auf geheimnisvolle Weise meine Aufmerksamkeit erregt hatte. Babak antwortete in gebrochenem Englisch, dass sich dort unter Flugsand begrabene, teilweise zusammengestürzte Ruinen befinden.

„Was stand hier früher?" fragte ich ihn neugierig. Er winkte gelangweilt ab und antwortete abfällig: „Alte Mauern, Trümmerhaufen, wie überall hier!"

Bald brachten wir Babak zu seinen Bekannten, die einige Kilometer entfernt wohnten. Wir verabschiedeten uns und dankten ihm dafür, dass er uns sicher nach Abydos gebracht hatte.

Ich konnte es kaum erwarten, zu der Stelle mit den Steinhaufen und der umgestürzten Säule zurückzukehren. Wir parkten unseren Mietwagen in etwas weiterer Entfernung, abseits auf einem schattigen Platz unter Palmen. Dann nahmen wir die große Liegedecke und unseren Picknickkorb aus dem Kofferraum. Damit schlenderten wir als Touristen getarnt möglichst unauffällig zu dem Platz mit der Säule. Dort waren einige Stellen sehr versandet, andere dagegen wiesen Schottersteine als Boden auf. Wir suchten uns ein schönes Plätzchen im Schatten einer großen Palme und breiteten unsere Picknickdecke aus. Während wir gemütlich unseren Imbiss zu uns nahmen, sahen wir uns die Umgebung, die wir erkunden wollten, genau an. Tim erhob sich als Erster von unserer Decke. Er zog mich zu sich hoch und küsste mich. Es war so unglaublich heiß und unser tropfender Schweiß vermischte sich klebrig. Die Sonne, die gleißend am Himmel thronte, knallte erbarmungslos auf uns nieder. Tim fasste nach meiner Hand, und wir schritten eng umschlungen das Terrain um unser Lager ab. Jeder der uns sah sollte glauben, ein verliebtes Pärchen auf seiner Hochzeitsreise vor Augen zu haben. Mittlerweile hatten wir uns ein ziemliches Stück von unserer Decke entfernt. Wir hielten uns an den Händen und lachten. Zwischendurch küssten wir uns immer wieder. Ich gab zu bedenken: „Wir sollten unser Verliebtsein vielleicht nicht allzu sehr demonstrieren, sonst wird man vielleicht erst recht auf uns aufmerksam.

„Aber ich liebe dich doch so sehr!" rief Tim theatralisch, fasste mit der rechten Hand an sein Herz und ging vor mir auf die Knie. Ich blickte zu ihm herunter und kicherte.

Als mein Blick den Erdboden streifte, sah ich auf einmal in dem festen sandigen Boden etwas Braunes, das zwischen den Schottersteinen steckte. Es hatte eine runde Form und kam mir ungewöhnlich vor. Meine Neugier trieb mich an und ich sah mich suchend nach einem spitzen Gegenstand um. Als ich endlich einen herumliegenden Stein fand, der geeignet war, kniete ich nieder und begann den braunen Ring im Boden frei zu kratzen. Tim staunte nicht schleckt. Er bot an, mir die Arbeit abzunehmen, doch ich wollte den geheimnisvollen Kreis lieber selbst befreien. Ich hatte Angst, dass Tim mit seiner strotzenden Kraft zu ungestüm vorgehen würde und etwas zerstören könnte. Also kratzte ich mit dem Stein vorsichtig um das braune Teil im Boden herum und legte mit der Zeit den Hals einer Vase frei. Was dazu gehörte, steckte noch fest in der Erde. Schon eine halbe Stunde hatte ich in der Hitze gegraben und war total erschöpft. Die lange gebückte Haltung war für meinem Rücken gar nicht gut, denn er begann allmählich zu schmerzen. Darum gab ich den Kratzstein doch lieber an Tim weiter und nach kurzer Zeit hob er eine braune Amphore in die Höhe, die ein Loch in einer Seite hatte, weil der Henkel fehlte. Der befand sich noch in der Erde. Tim grub ihn aus und legte ihn vorsichtig neben die Vase. Ich war stolz auf unseren Fund

und konnte mir fast vorstellen, wie sich Howard Carter nach der Entdeckung des Grabes von Tut anch Amun gefühlt haben musste. Die Amphore war immerhin ca. 25 cm lang und an der breitesten Stelle etwa 16 bis 18 cm breit. Ich war zufrieden, denn auf der Suche nach der Vergangenheit, von der ich nicht wusste, ob ich überhaupt irgendetwas finden würde, hatte ich plötzlich etwas ganz Besonderes entdeckt. Ob es mich in die Erinnerung an ein längst vergangenes Leben zurückführen könnte, das blieb abzuwarten.

„Hey! Wir haben Altertümer entdeckt und sie aus der Erde befreit, wie professionelle Archäologen!" rief ich Tim begeistert zu.

Es konnte kein Zufall gewesen sein, dass ich den Gegenstand entdeckte. Mein Blick hatte etwas eingefangen, was viele Jahre zuvor noch niemand vor mir gefunden hatte. Es war vorherbestimmt, dass ich es finden würde. Vielleicht wäre da ja noch viel mehr, was ich finden könnte. Ich hoffte, dass dieses Fundstück mich zur Vergangenheit des Ammon führen würde, der mir so vertraut zu sein schien. Tim und ich nahmen unseren Fund an uns. Ich trug die Vase wie eine Trophäe und schritt stolz neben Tim her, der den Henkel in seiner Hand hielt. Mit dem verliebten Schlendergang war es nun vorbei. Mit schnellen Schritten wollten wir unseren Picknickplatz ansteuern, als plötzlich ein schriller, weiblicher Schrei ertönte. Erschrocken sahen wir uns um und blickten in die Richtung, aus der der Aufschrei gekommen war. Eine ältere Frau, die von Kopf bis Fuß in bunte Tücher eingehüllt war, zeigte auf uns und kreischte, in für uns unverständlicher Sprache, hinter uns her. Auf einmal erschienen zwei Männer auf der Bildfläche und kamen zielstrebig auf Tim und mich zu. Wo um alles in der Welt waren sie so plötzlich hergekommen? Ein blaues Auto stand in der Nähe unseres Pickups. „Komm", zischte ich und zog Tim am Arm. Wir gingen schneller, doch bevor wir unsere Decke erreichen konnten, unter der ich unsere Kostbarkeit verstecken wollte, hatten die Männer uns eingeholt. Der eine, der der ältere zu sein schien, war in einen schwarzen Umhang gekleidet. Er trug braune Ledersandalen und einen hohen weißen Turban, der von einer schwarzen, glitzernden Schlangenbrosche gehalten wurde. Der andere, wahrscheinlich jüngere, so um die Dreißig mochte er wohl gewesen sein, hatte keine Kopfbedeckung auf seinem schwarzen, etwas fettig glänzendem Haar. Er trug ein hellblaues Hemd, eine dunkle Hose und feste Schuhe.

„Geben Sie das her", forderte mich der Ältere plötzlich in meiner Sprache auf und deutete auf die Vase, die ich fest an meinen Bauch drückte, aber leider nicht verstecken konnte.

„Nein!" protestierte ich entrüstet und presste die Vase noch fester an mich.

„Die habe ich gefunden! Dafür habe ich eine halbe Stunde gegraben!"

Der Mann blieb ganz ruhig und sagte in gebrochenem Deutsch: „Die Vase gehört nicht Ihnen. Darum müssen Sie sie hergeben."

„Und warum sollte ich sie ausgerechnet Ihnen geben? Wer sind Sie denn?" fragte ich angriffslustig.

Der Mann antwortete: „Ich bin Taxifahrer und dieser Mann ist ein Kulturbeamter vom ägyptischen Museum."

Er zeigte auf seinen jüngeren Begleiter, der bis dahin ruhig daneben gestanden hatte. Jetzt lächelte er Tim und mich aus seinem hellblauen Hemd heraus freundlich an. Ich lockerte jedoch keinesfalls meinen Händegriff um die Vase. Der Ältere deutete auf seinen jüngeren Begleiter und sprach weiter: „Er arbeitet beim Kulturamt und passt auf, dass die Kulturgüter dieses Landes geschützt werden. Diese Vase gehört nicht Ihnen, auch wenn Sie sie gefunden haben. Wenn Sie sie nicht

hergeben, dann ist Ihr Urlaub vorbei, denn dann kommen Sie
ins Gefängnis nach Kairo."

„Wieso das denn?" Entgeistert sah ich den Mann an. Nun
mischte Tim sich ein und fragte: „Wie viel wollen Sie?"
Er zückte seine Geldbörse. Tim meinte es gut. Doch der Mann
winkte ab und antwortete ungerührt: „Bestechung geht nicht.
Dieser Mann verdient umgerechnet 150,00 Euro im Monat und
muss davon seine Familie ernähren. Wenn er jetzt Geld an-
nimmt kann er schnell seinen Job verlieren und dann müssen
seine Kinder verhungern. Das werden Sie doch nicht wollen."
Tim und ich schwiegen betreten.

Der Mann redete weiter: „Das Kulturgut gehört nicht Ihnen,
es ist auch nicht Eigentum von Ägypten. Es gehört der ganzen
Mitwelt. Einmal im Jahr treffen sich die Archäologen aus der
ganzen Welt. Bei diesem wichtigen, internationalen Treffen
werden alle neu gefundenen Gegenstände präsentiert und auf
geschichtliche, künstlerische und technische Herkunft unter-
sucht. Die Ergebnisse kommen dann allen Menschen zugute.
Wenn jeder Tourist einen Stein aus diesem Land mit nach
Hause nimmt, stehen am Ende die Pyramiden nicht mehr."
Spätestens jetzt glaubte ich dem Mann, dass er sich die Vase
nicht für seine heimische Vitrine selbst unter den Nagel reißen
wollte und kam mir plötzlich ziemlich egoistisch vor.
Außerdem beschlich mich die dunkle Ahnung, dass der Mann
vielleicht Recht hatte, und Tim und ich wirklich im Gefängnis
landen könnten. Mir war klar, dass wir dort unser eigentliches
Ziel nicht erreichen würden. Ich übergab dem Kulturbeamten
die Vase und murmelte zerknirscht: „Wenn's unbedingt sein
muss." Der Beamte bedankte sich höflich und schenkte mir ein
strahlendes Lächeln. Tim reichte ihm den Henkel. Beide Männer nickten uns zu und entfernten sich langsam. Sie stiegen in
den blauen Wagen ein, in dem die Frau bereits auf sie wartete,

und fuhren mit meinem Fundstück davon. Tim und ich blieben wie zwei begossene Pudel zurück. Mein erstes archäologisches Abenteuer hatte ein jähes und unbefriedigendes Ende für mich gefunden.

„Man muss eben auch abgeben können", sagte ich wie selbstverständlich zu Tim und war über meine kluge Weisheit selbst ganz erstaunt. Ich nahm seine Hand und zog ihn zu unserer Liegedecke. Eigentlich waren wir ja auch wegen etwas ganz anderem hergekommen, was wir nicht aus den Augen verlieren durften, nordeten wir uns ein. Wir suchten Spuren, die uns den Weg zu einem Tempel weisen sollten. In meinen kühnsten Träumen stellte ich mir vor, wir könnten Ammons Schatz dort finden. Nun hoffte ich, dass die Begegnung mit den beiden Herren kein schlechtes Omen für unser weiteres Vorhaben bedeutete.

„Was ist, wenn sie jetzt auf uns aufmerksam geworden sind und uns nun beschatten? Vielleicht denken sie, dass wir an Altertümern interessiert sind, womit sie ja nicht Unrecht haben. Was machen wir, wenn sie uns nicht mehr aus den Augen lassen?" fragte Tim.

Ja, was war dann, dachte auch ich. Warum waren wir gleich so aufgefallen? Wir hätten viel vorsichtiger sein müssen. Als wir zu unserem Mietwagen zurückgingen, sahen wir uns immer wieder um, ob uns jemand folgte.

Tim sagte plötzlich: „Stell dir vor, jemand beobachtet uns und notiert sich unser Autokennzeichen. Über die Mietwagenfirma kommen die ganz schnell an unsere Adresse in Kairo."

„Bitte, mal den Teufel nicht an die Wand, Tim", sagte ich gespielt streng. Doch Tim fuhr fort: „Und stell dir nur mal vor, wir finden wirklich etwas Wertvolles. Wenn wir es in unserer Wohnung deponieren, ist es dort vielleicht nicht sicher. Wenn man uns nachspioniert und Altertümer bei uns findet, sperren die uns beide in den Knast bis zum Sankt Nimmerleinstag!"

„Sei nicht so pessimistisch, mir wird ja sonst noch angst und bange. Es wird schon alles gut gehen", versuchte ich ihn aufzumuntern. Doch er hatte ja Recht: Wir hätten einfach besser aufpassen müssen. Das bedeutete, dass wir uns ab sofort umso mehr vorsehen mussten. Wir waren doppelt auf der Hut, damit uns niemand verfolgen konnte. Zunächst beendeten wir unseren Aufenthalt in Abydos und fuhren zurück nach Kairo. Während der Rückfahrt kam es manchmal vor, dass uns ein Auto etwas länger auf der staubigen Straße folgte. Dann befürchteten wir jedes Mal, dass jemand hinter uns her war. Vom Verfolgungswahn angespornt, gab Tim alles und fuhr halsbrecherisch im stetigen Wechsel von einer Spur zur anderen. Zum Glück schaffte er es, dass jedes Fahrzeug hinter uns zurückblieb. Erst nachdem wir uns eine Woche unbeobachtet gefühlt hatten, wagten wir es, unsere Suche in Abydos fortzusetzen. Wir gelangten an einen Ort, der etwas weiter südlich von unserer ersten Ausgrabungsstelle entfernt lag. Dort befand sich eine Gruppe von Ruinen, die die Natur sich weitgehend zurückgeholt hatte. An dem geheimnisvollen Ort hatten die Pflanzen die Steine zurückerobert. Nach einigem Suchen fanden Tim und ich einen umgestürzten Obelisken, der zerbrochen war. Aus irgendeinem Grund fühlte ich mich magisch von ihm angezogen. So kam es, dass wir uns in den Folgetagen fast ausschließlich zwischen den Steinhaufen, die in der Nähe des Obelisken lagen, aufhielten. Sie waren teilweise zugewachsen, und wir verschafften uns mit einer Machete den Durchgang. Mir war in dunkler Erinnerung, dass vor Ammons Tempel zwei Obelisken gestanden hatten. Hier schien nur noch einer erkennbar zu sein. Tim und ich begannen zu suchen, ohne zu wissen, ob wir überhaupt etwas finden würden. Zum Glück war diese Gegend sehr unwegsam und daher relativ menschenleer. Wenn es doch mal vorkam, dass jemand in einiger Entfernung vorbeikam, spielten wir das Touristenpärchen beim Picknick.

Wir arbeiteten uns mit der Machete immer weiter vor. Dann geschah es: Wir standen direkt vor einem Stein, der die Form des Menschenkopfes auf dem Löwenkörper hatte, den ich aus meiner Rückführung kannte. Ich war mir sicher, dass es genau der Sphinx war, der einst über Ammons Tempeleingang gewacht hatte.

Wir standen vor einer versandeten, terrassenförmigen Ausbuchtung und den Resten einer leicht abgerundeten Mauer. Mit etwas Phantasie konnte man auf der Mauer Reste der Hieroglyphen erkennen, die ich während der Rückführung gesehen hatte. Ich glaubte, die Reste des Tempelnamen *Aschajit* zu lesen. Die eingravierten Schriftzeichen waren mit einer Patina überzogen. Tim versuchte sie mit seinem Messer vorsichtig abzukratzen, was nicht möglich war. Sie war fest mit dem Steinuntergrund verbunden. Auch die Säulen, die in Sand und Gestrüpp vor uns lagen, wiesen eine schimmernde, durch Witterung entstandene Ablagerung auf.

Über tausende von Jahren hatte sich Sand auf den Steinen festgesetzt und ließ sich mit bloßen Händen nicht so leicht wieder entfernen. Selbst mit Schaufel und Spaten würde es ein aufwändiges Unterfangen sein.

„Auch das noch, da werden wir die doppelte Arbeit haben, durchzukommen!" schimpfte Tim. Wir beschlossen, nur noch nachts zu arbeiten. Wenn das Tageslicht der Dämmerung gewichen war, holten wir die Axt und unsere mitgebrachten Spaten hervor. Im Mondschein gruben wir vorsichtig mehrere Nächte lang im schalen Lichtkegel unserer Taschenlampe. Der Himmel war sternenklar. Mond und Sterne spendeten soviel

Licht, dass wir beim Arbeiten gut sehen konnten. Tim schritt die Terrassengrenze ab. Er versuchte sie zu berechnen, wie ich sie ihm damals beschrieben hatte. Doch sie war nicht leicht zu ermitteln, denn in den vielen, vergangenen Jahrhunderten hatte die Erde gearbeitet. Überall hatte sich im Laufe der Zeit das Gestrüpp vorgeschoben und die Steinmauern bewachsen. Schon lange schien niemand mehr an diesem Ort gewesen zu sein. Wir bemühten uns, möglichst keine auffälligen Spuren zu hinterlassen, damit tagsüber niemand auf unser nächtliches Tun aufmerksam würde. Das Letzte, was wir gebrauchen konnten war, dass uns jemand den ägyptischen Sicherheitsdienst auf den Hals jagen, oder selbst unser Werk fortsetzen könnte. Während die öde Gegend verlassen blieb und auch tagsüber kein einziger Fußgänger unterwegs war, hörten wir nur ab und zu von weitem, dass ein Auto vorbeifuhr. Ich konnte nicht erklären, warum es so war, aber ich war mir ganz sicher, am richtigen Ort zu sein. Es war sehr mühsam, als wir uns durch das verfilzte Strauchwerk kämpften. Ohne unsere mitgebrachte Hacke mit Beil wären wir da niemals durchgekommen. Die älteren Erdschichten mit ihrem verwittertem Gestein und vermoderten Pflanzenteilen waren nach unten gesackt. Durch den landestypischen feinen Sand und Staub waren im Laufe der Zeit neue Erdschichten angehäuft worden, die mit trockenheitsresistenten Pflanzen bewachsen waren. Tim und ich gruben sieben Nächte lang. Unsere zerschundenen Finger waren schmerzhaft geschwollen und die Handinnenflächen bildeten Blasen und Schwielen. Die Schaufel fühlte sich von Mal zu Mal immer schwerer in meiner Hand an. Manchmal überkam mich ein Schwindel. Es war auch nachts noch sehr schwül. Jeden weiteren Tag und jede Nacht wurden wir unsicherer, ob unsere Hoffnung, etwas zu finden, gerechtfertigt war. Aber irgendetwas trieb mich an, weiterzumachen und Tim zu bitten, nicht locker zu lassen. Die Löcher, die wir gruben, wurden immer tiefer. Wir erweiterten und verbanden sie. Schließlich brachten wir kleine Höhlen zustande, die wir mit mitgebrachten Kanthölzern sicherten. Manchmal blickte ich zum hellen Mond auf und betete, dass er der einzige Zeuge unseres Tuns bleiben möge. Tim stand tief unten im Loch, als plötzlich die Erde unter ihm etwas nachgab. Der Boden war weicher geworden. Mit einem Bohlenbrett zur Sicherung stieg ich zu Tim ins Loch. Das hätte ich besser nicht getan, denn der Boden sackte durch. Tim und ich klammerten uns aneinander fest und rutschten nahezu senkrecht in die Tiefe. Der enge Schacht nach unten endete nach etwa vier Metern. Unsere Kleider waren zerfetzt und die Glieder schmerzten. Wir standen unter Schock und rieben uns den Sand aus den Augen. Unten war es völlig dunkel. Endlich konnte Tim die fallengelassene Taschenlampe greifen und beleuchtete den engen Durchbruch. Im 45 Grad Winkel führte der Weg nach unten in einen kleinen Hohlraum. Langsam tasteten wir uns vorwärts. Vorsichtig krochen wir weiter, indem wir ein Knie vor das andere schoben, und stützen uns mit den Händen an den sandigen Wänden ab. Unerwartet griff ich gegen etwas Hartes. Es war eine Steinplatte von etwa 1 mal 2 Meter. Was sich dahinter verbarg, war nicht zu erkennen. Da die Morgendämmerung sich am Himmel abzeichnete und es schon bald hell wurde, mussten wir unsere Grabung abbrechen. Breitflächig warfen wir sämtliche Berge trockenes Gestrüpp, das wir zuvor entfernt hatten, über die Stelle, so dass alles wieder unberührt und überwuchert ausschaute. Nachdem wir unsere Werkzeuge versteckt, und uns mit etwas Wasser aus dem Kanister eine Katzenwäsche gegönnt hatten, zogen wir uns in unseren Pickup zurück. Tim schnarchte schon während ich noch vor mich hin grübelte. In so einer Situation kommen einem ja die unmöglichsten Gedanken. Ich hatte große Angst

davor, dass am Tag irgendwelche Leute, vielleicht Touristen an
den Platz kämen. Wenn sie auch nur mal austreten müssten,
würden sie sich wundern, dass die Büsche locker waren. Bald
fiel auch ich in einen tiefen Schlaf. Irgendwann träumte ich von
Gärten im Wüstensand und Palmen, an denen Kokusnüsse aus
Gold und Edelsteinen wuchsen.

Es war schon spät am Nachmittag, als ich mit schmerzenden
Gliedern wach wurde. Die nächtliche, körperliche Anstrengung
hatte mir stark zugesetzt. Tim war schon wach und reichte mir
die Thermoskanne mit Kaffee. Es gab Bockwürstchen vom
Campingkocher und ich hoffte sehr, dass die Kraft bald zu mir
zurückkehren würde. Ich fühlte mich schlapp und elend. Tim
mochte es ähnlich gehen, denn nächtelang hatte er sogar noch
mehr als ich gebuddelt. Doch er beschwerte sich nicht. Die
Sonne brannte zur Stunde immer noch heiß und die Luft war
staubtrocken. Als endlich die Dunkelheit einbrach, hatten sich
meine Glieder ein wenig regeneriert. Wir holten Spitzhacke
und Spaten aus unserem Versteck und schlichen uns zur Ausgrabungsstelle.
Es dauerte noch eine ganze Nacht, bis wir es endlich schafften,
die Steinplatte freizulegen. Nur wenige Zentimeter darunter
befand sich ein Steinsarg. Der Sarkophag hielt den schweren
Stein. Unsere Versuche, die schwere Steinplatte ein wenig von
der Stelle zu bewegen, waren sehr mühsam. Die Luft knisterte
vor Hochspannung. Wir zerplatzten fast vor Aufregung, was
wir wohl finden würden und quälten uns, den schweren Stein
von der Stelle zu bekommen. Mir war, als hätte es endlos lange
gedauert, aber gemeinsam schafften wir es schließlich, die
wuchtige Platte ein wenig zur Seite zu schieben. Dieser Augenblick war überwältigend. Was sich dann vor unseren Augen
präsentierte, kam uns beiden unwirklich, wie ein Traum vor.

In dem steinernen Ossuar, der normalerweise ein Gebeinkasten war, glänzten keine Knochen, sondern blendeten uns Goldtafeln, alte, fremde Münzen, Figuren und Edelsteine.

Tim und ich sahen uns wortlos an.

„Sieh mal, dort." Tim deutete auf einen liegenden Hund aus purem Gold.

„Das ist Anubis, der wach haltende Hund der Toten", flüsterte ich bedächtig.

„Wahnsinn", bemerkte Tim mit rauher Stimme. Ich nickte, nahm vorsichtig einen funkelnden Edelstein zwischen meine Finger, streichelte ihn und flüsterte bezaubert: „Wundervoll." Wir fanden Türkise, Smaragde, Lapislazuli, Karneole und Schmucksteine, die wir noch nie zuvor gesehen hatten.

„Wir haben den Schatz des Ammon gefunden", sagte Tim und sah mich feierlich an.

Wie selbstverständlich antwortete ich ihm: „Das ist aber noch nicht alles."

Tim sah mich ungläubig an. Ich erklärte, dass wir die Steinkrüge noch untersuchen müssten. Neben dem steinernen Sarkophag befanden sich die zerbrochenen Krüge, die in ihren Sandbetten lagen. Wie ferngesteuert ging ich auf sie zu und sagte zu Tim: „Hier müssen wir buddeln."

Wir gruben uns fieberhaft durch die Sandhaufen und förderten immer mehr Tonscherben zutage. Oft stießen wir gegen etwas Hartes; dann waren es meistens Steine oder Strauchwurzeln, die wir freilegten. Weil die schützende Dunkelheit allmählich nachließ, sicherten wir die Grabungsstelle wieder ab, bedeckten sie mit Bergen von Strauchbüscheln und trugen einen großen Teil des gefundenen Schatzes in unseren Pickup. Unsere zerkratzten Arme und Beine waren uns egal. An diesem Tag legten wir unser müdes Haupt auf Gold und Edelsteine.

In der nächsten Nacht setzten wir unsere Ausgrabung fort. Nach einer Weile der schweißtreibenden Schinderei stießen wir auf einen Metallkasten, der sich nicht auf Anhieb öffnen ließ. Er war so groß und schwer, dass wir uns lange abmühen mussten, ihn zu heben. Tim holte unseren Wagen und legte zwei dicke Bohlenbretter von der Grube über den Tempelstein auf die Rampe. Mittels eines Seils konnten wir den Kasten nicht von der Stelle bewegen. Nachdem all unsere Bemühungen, die Kiste nur einen Millimeter von der Stelle zu bewegen, gescheitert waren, schlug Tim in letzer verzweifelter Anstrengung die Axt mit ganzer Kraft auf das verrostete Schloss. Ächzend brach es auf und wir konnten den Deckel anheben. Aufgeregt und voller Hochspannung öffneten wir die Schatztruhe. Prächtige Kleinodien funkelten vor unseren ungläubigen Augen. Silbertafeln, die auf der Vorderseite ein Motiv zeigten, Gold und Diamanten blitzten uns entgegen. Niemals werde ich diesen überwältigenden Augenblick vergessen, wie wir uns vor Freude umarmten und weinten. Es war eine Offenbarung. Der Mond, der unser Vertrauter der letzten Nächte war, spendete mit seinem fahlen, milchigen Licht ein wenig Helligkeit und sah zu uns herab. Wir mussten uns beeilen, denn bis wir unseren Fund sicher im Auto verstaut hatten, war die Nacht schon wieder vorbei.

Als die Morgendämmerung kam, hatten wir einen Teil des Schatzes bereits gehoben und in unserem geräumigen Pickup untergebracht. Tim sprach feierlich: „Etwas das seit Jahrtausenden unter Sand begraben war, ist soeben von uns freigelegt und geborgen worden."

Der Schatz war so umfangreich, dass wir gar nicht alles auf einmal hätten mitnehmen können. Wir beseitigten alle Spuren, indem wir die Grube wieder mit Sand zudeckten und mit Steinen und Gestrüpp auffüllten. Dann luden wir unsere Werkzeuge auf den Wagen und verließen den einsamen Ort. Bedächtig und vorsichtig fuhren wir nach Kairo zurück. Die schwere Wagenlast drückte nach hinten. Tim und ich beschlossen, zuerst unsere Schäfchen ins Trockene zu bringen und etwas Gras über die Angelegenheit wachsen zu lassen. Nun waren wir zwar theoretisch reich, mussten es aber zunächst erst einmal schaffen, unseren Schatz unbehelligt nach Deutschland zu bringen. Da hatten wir uns viel vorgenommen. Erst wenn uns das gelungen war, wollten wir noch einmal an den Ort des verborgenen Schatzes reisen. Sollte das Schicksal es wollen, dass die Stelle dann noch unentdeckt sein würde, beschlossen wir, den Schatz als offizielle Schatzfinder zu melden. Mit diesem Vorsatz verließen wir die Gegend um Abydos.

Plötzlich reich

Plötzlich waren wir reich! Gestern noch keinen Job und hoffnungslos zukunftslos, und jetzt waren wir reich und die ganze Welt stand uns offen. Wir beteten, dass uns niemand mit unserer Wagenladung erwischte, sonst wären wir wegen Diebstahl und Unterschlagung von Altertümern ins Gefängnis gekommen, wahrscheinlich für den Rest unses Lebens. Als wir mit unserem Schatz im Gepäck nach Kairo zurückkehrten, ging unsere Aktion zum Glück in einem fröhlichen, lauten Stadtfest unter. Es war Ramadan, und von überall her waren lautes Trommeln, Flötentöne, Paukenschläge und Gesang zu hören. Trotzdem gingen wir sehr vorsichtig vor, als wir die Kostbarkeiten in unsere kleine Wohnung brachten. Uns war klar, dass uns nicht der kleinste Fehler unterlaufen durfte. Denn das Schlimmste, was uns hätte passieren können, wäre eine Fortsetzung unseres Abenteuers im ägyptischen Gefängnis gewesen. Niemand hätte mir geglaubt, wenn er die Wahrheit von Ammon gehört hätte, der vor etwa 5000 Jahren ermordet worden war, und dem damals keine Zeit mehr blieb, jemandem von dem, in seinem Tempel verborgenen, Schatz zu erzählen. Wer hätte mir schon abgenommen, dass ich mich unter Hypnose an das Leben des Ammon erinnerte und wusste, wo sein Schatz begraben lag?

Nachdem wir unseren Fund in unserer Kairoer Wohnung deponiert hatten und dabei zum Glück unentdeckt geblieben waren, planten wir, den Schatz in mehreren Etappen aus dem Land zu fliegen. Ich packte die einzelnen Stücke zwischen Kleider und Wäsche in unsere Schalenkoffer. Viel passte nicht hinein. Den größeren Teil mussten wir in einem Versteck in unserer Wohnung zurücklassen. Einen kleinen grünen Skarabäus steckte ich in meine Puderdose, die ich in meiner Tasche mit mir führte. Wie die alten Ägypter betrachtete ich ihn als Glücksbringer und hoffte, dass er Tim und mich beschützen würde.

Am Flughafen bemerkten wir überall diese Warnschilder. Es waren unübersehbare große Tafeln, auf denen mit roten, dicken Blockbuchstaben geschrieben stand: *„Das Ausführen von Altertümern und landeseigenen Pflanzen wird unter Strafe gestellt!"*
Ich war erstarrt und schweißnass vor Angst; daran konnte auch mein Skarabäus nichts ändern. Tim und ich stellten die Koffer zum Wiegen auf das Band. Als ich meinen darauf stellte, kam mir spontan der Gedanke, dass er mindestens so schwer war wie die Steinplatte von Abydos. Ich wagte kaum zu atmen. Der Flughafenmitarbeiter taxierte unsere Koffer mit Blicken ab. Danach sah er mich direkt an. Er schaute in meine Augen und schien darin zu lesen, dass ich etwas zu verbergen hatte. In dem Moment dachte ich: Jetzt hat er uns erwischt. Gleich jagt er uns den Sicherheitsdienst auf den Hals. Im Geiste sah ich Tim und mich schon auf schmutzigem, feucht-kühlem, steinernem Boden bei Wasser und Brot in irgendeinem dunklen Verlies schmoren, in dem unsere einzige Abwechslung der Besuch von Ratten und Kakerlaken war.
Dann geschah das Himmlische. Der Mann winkte uns durch. Wir durften unbehelligt passieren. Ich konnte es kaum glauben und war der festen Überzeugung, dass mein Skarabäus seine Bedeutung, die ich mir von ihm erhoffte, wundersam erfüllt hatte.

Unsere Koffer fuhren auf dem Laufband davon. Tim und ich bestiegen den Flieger und hatten einen angenehmen Flug. Ich erinnere mich noch an den Piloten, der mit Nachnamen Ferrari hieß. Als er sich den Passagieren über Funk mit Namen vorstellte, amüsierten sie sich köstlich. Endlich fiel auch der Stress von Tim und mir ab. Der Pilot Ferrari flog uns durch ein paar unsanfte Luftlöcher sicher heim nach Deutschland.

Wir fieberten unseren Koffern, die von unschätzbarem Wert waren, am Gepäckband im Flughafen Köln-Bonn entgegen. Zwei Reihen vor mir wurde eine junge Frau mit ihrem Koffer von einem Zollbeamten beiseite gewunken. Es war ein erschreckender Moment, in dem mir nochmal das Herz in die Hose rutschte. Doch das Glück blieb Tim und mir treu, denn auch im deutschen Flughafen konnten wir die Kontrollen ungehindert passieren.

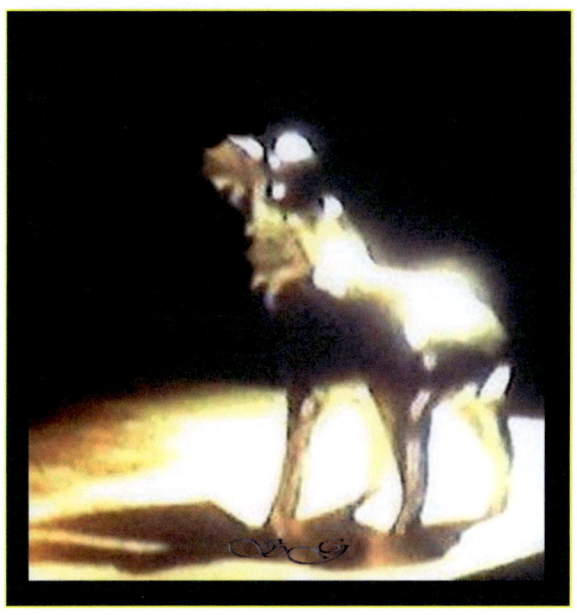

Tim und ich liebten uns. Ich wollte niemals mehr ohne ihn sein. Wir hatten so viel miteinander erlebt. Wir waren arm und nun reich, und ich wollte alles mit ihm teilen, am liebsten mein ganzes Leben. Ich erinnerte mich daran, was ich ihm schuldig war und machte ihm einen Heiratsantrag. Er willigte glücklich ein und wir feierten eine unvergessliche Traumhochzeit.

Unsere Hochzeitsreise planten wir natürlich nach Ägypten. Wir nahmen uns vor, die Wertgegenstände, die noch in unserer Wohnung in Kairo versteckt waren, zu holen. Obwohl alles gut gegangen war, erinnerte ich mich noch sehr gut an mein Herzjagen im Flughafen. Nochmal hätte ich die Aufregung nicht durchgestanden. Wir trauten uns beide nicht, das aufreibende Transport-Abenteuer mit dem Flugzeug zu wiederholen. Um unseren Fund aus unserer Kairoer Wohnung vollständig nach Hause zu schaffen, beschlossen wir, mit dem Wohnmobil nach Ägypten zu reisen. Wir kauften uns ein geländegeeignetes, jedoch wenig luxuriöses Mobil, um nicht aufzufallen und planten die Route. Dann besorgten wir uns einen gültigen Reisepass und schlossen für Notfälle eine Auslandskrankenversicherung ab. Einen internationalen Führerschein ließen wir uns bei der Kfz-Zulassungsstelle ausstellen.

„Warum um alles in der Welt wollt ihr mit dem Auto von Europa bis nach Ägypten fahren? Das ist doch viel zu gefährlich!"
Unsere Familien und Freunde, alle schüttelten den Kopf, als sie von unserem Plan erfuhren. Die meisten versuchten es uns auszureden. „Hört Ihr denn keine Nachrichten, wisst Ihr nicht, was für ein Terror dort auf Euch zukommen könnte?"
Natürlich kannten wir die Berichte aus den Medien und es war uns klar, dass viele Länder in Nordafrika und Nahost bis Asien Gefahren für Leib und Leben bergen. Man hörte und las ja fast

ständig von entführten Touristen in der Sahara oder im Jemen, von der Kriegsgefahr in Afghanistan und dem Irak ganz zu schweigen. Tim und ich diskutierten lange darüber, ob wir uns dem Risiko stellen wollten und waren uns schließlich einig, alles auf eine Karte zu setzen. Beim Auswärtigen Amt hatten wir uns über die aktuellen Warnhinweise und Zollvorschriften informiert. Letztere hatten wir nicht geplant, einzuhalten, aber ansonsten waren wir unserer Meinung nach ausreichend für die Reise gewappnet. Mit unserem „Just-Married- Wohnmobil" ging es auf große Hochzeitsreise. Wir fuhren nach Israel und konnten ohne Probleme dort einreisen. Von Ashdot, das einige Kilometer südlich von Tel Aviv liegt, fuhren wir die Straße südlich vom Ghaza-Streifen und nahmen dann den Grenzübergang Nizanra zur Sinai-Halbinsel nach Ägypten. Bei der Einreise in Ägypten erhielten wir unser Visum, das für drei Monate gültig war. Wir durchquerten die Sinai-Halbinsel, wobei uns immer wieder friedliche Nomadenstämme begegneten. Danach passierten wir den Suez-Kanal und erreichten ohne Probleme Kairo. Das trockene Wüstenklima, das die ägyptischen Pharaonen mittlerweile fünftausend Jahre lang frisch hielt, hatte uns wieder.

Gespannt stiegen wir die steile Treppe zu unserer kleinen Wohnung empor. Die hölzernen Stufen knarrten ein bisschen. Aus den Wohnungen unter uns drangen Kindergeschrei und Radiogeplärre in den Hausflur. Es roch nach Kräutern und Tabakrauch. Hinter einer halb geöffneten Tür hörten wir jemanden fluchen. Ich betete, dass niemand unberechtigterweise in unsere Wohnung eingedrungen war. Oben angekommen, war die Tür verschlossen. Das Versteck, in dem der Schatz verborgen war, fanden wir unberührt vor. Erleichtert ließen wir uns auf das Bett fallen und verbrachten ein paar glückliche Tage in Kairo.

Es wurde die schönste Zeit unseres Lebens bisher. Eine geruh-
same Nilkreuzfahrt begeisterte uns genauso, wie die vielen Sehenswürdigkeiten der lebhaften Metropole Kairo. An unserem
letzten Urlaubstag gingen wir abends im Ramses Club essen.
Die romantische Liebesnacht fiel der Aufregung wegen der
bevorstehenden, in Gedanken ungewiss verlaufenden Rückreise, zum Opfer. Nach einem kurzen Frühstück stürzten wir
uns am nächsten Morgen ins Reiseabenteuer. Unbeobachtet
luden wir die Wertgegenstände in unser Wohnmobil ein und
traten die Rückreise nach Deutschland an. Natürlich war der
kleine Skarabäus wieder dabei, der sich schon mehrmals als
echter Glücksbringer erwies.

Wir hatten Kairo bereits verlassen und befanden uns auf der staubigen, sandigen Straße, als eine gewaltige Explosion, begleitet von einem gewaltigen Donnergrollen, die Umgebung erschütterte. Plötzlich strömten reißende Fluten von irgendwoher ins Umland und tosende Wassermassen wälzten sich auf uns zu. Um uns herum sammelte sich das Wasser und der Wasserspiegel stieg schnell an. Tim schaffte es gerade noch, einen Hügel hinaufzufahren. Die Achse unseres Wagens schepperte und wir waren hoffnungslos vom Wasser eingeschlossen. Ratlos blickten wir auf den riesigen Strom, der uns gefangen hielt. Aufgetürmte Berge ragten wie kleine Inseln aus dem See heraus. Tim und ich hatten Angst, dass das Wasser auch den Hügel, auf dem wir mit unserem Wohnmobil standen, überfluten würde. Über uns flogen mehrere Hubschrauber, so dass man uns wahrscheinlich bald bemerken würde. Wir waren uns nicht sicher, was besser wäre: Auf die Gefahr hin, dass man unseren Schatz aufspürte und uns ins Gefängnis bringen würde, vor dem Ertrinken gerettet zu werden, oder lieber unentdeckt zu bleiben. Wir winkten nicht um Hilfe, denn niemand sollte auf uns aufmerksam werden. Ich wünschte mir sehnlichst, unsichtbar zu sein. Wir beobachteten, wie mit Bulldozern Gräben ausgehoben wurden, um das Wasser umzuleiten. Um unserem Hügel stieg der Flusspegel nicht weiter an. Weil wir definitiv nicht von der ägyptischen Polizei in einen Hubschrauber verfrachtet werden wollten, versuchten wir einfach weiterzufahren. Der Wasserstand sank allmählich ab und wir fuhren, anstatt zur Straße zurück, weiter den Hügel hinauf. Mit dem Schatz an Bord begaben wir uns auf den Weg in Richtung Heimat, aber wir waren noch lange nicht am Ziel. Dadurch, dass wir vor dem Wasser auf den Berg geflüchtet waren und die Straße verlassen hatten, verloren wir völlig die Orientierung. Die Gegend wurde unwegsam und verwildert. Auf der

Suche nach einem Ausweg gelangten wir in ein Sumpfgelände. Unsere Lage schien hoffnungslos. Kurz bevor wir das Ziel, endlich reich zu sein, erreicht hatten, gerieten wir in Lebensgefahr. In dem Moment hätten Tim und ich alle Reichtümer für unser Leben hergegeben. Wir wollten nicht im Sumpf versinken. Vor uns befand sich eine alte Holzhängebrücke, die über ein Gewässer führte. Es erschien uns zu gefährlich, sie zu überqueren, weil die Bretter teilweise nur lose auflagen und zwischendurch immer wieder fehlten. Wir wussten um das Risiko, sie zu befahren, doch diese marode Brücke war unsere einzige Möglichkeit, das sumpfige Gelände zu verlassen. Umkehren konnten wir nicht. Beim Rangieren hätten wir uns wahrscheinlich noch mehr in den Sumpf hineinmanövriert, und hinter uns wimmelte es bestimmt inzwischen vor Polizei.

Tim stieg aus und versuchte, die fehlenden Bretter durch Nachlegen zu ersetzen. Ich saß am Steuer und führte unseren Wagen unter Tims Weisungen vorsichtig über die Hängebrücke, die beängstigend schwankte. Dabei dachte ich an den kleinen Skarabäus. Ob er es war, der uns half? Ich weiß es nicht. Jedenfalls schafften wir es tatsächlich, die alte Knüppelhängebrücke zu überwinden. Wir erreichten einen befestigten Weg, der uns sicher nach Israel führte. An der Grenze wurden wir auf Deutsch angesprochen und befragt, was wir importieren. „Unsere Liebe, wir sind auf Hochzeitsreise", antwortete ich. „Ah, ich verstehe! Bald kleine Babys." Der Grenzkontrolleur sah wohlwollend auf meinen Bauch und wir durften ohne Schwierigkeiten passieren. Auch am Grenzübergang nach Deutschland wurden wir nach der Passkontrolle gleich durchgewunken. Wir hatten es geschafft.

Unsere Familien waren entsetzt, als sie von unserem Hochwasser-Abenteuer hörten. Sie alle hatten sich große Sorgen um uns gemacht, weil sie durch die Medien davon erfahren hatten. Sie erzählten uns, warum wir in Ägypten vom Wasser eingeschlossen waren. In Deutschland war durch die Nachrichten gesendet worden, dass ein Behelfsstaudamm gesprengt wurde, der einen Teil des Nilflusses zurückhielt. Man hatte sich bei der Menge des Sprengstoffs verrechnet und 190 Tonnen Dynamit in die Luft gejagt. Tim und mir war klar, was für ein unglaubliches Glück wir gehabt hatten.

Seit unserem gefährlichen Hochwasser- Erlebnis waren wir noch nicht wieder in Ägypten, um nachzusehen, ob der Rest von Ammons Schatz immer noch dort begraben liegt. Ehrlich gesagt sind wir froh, dass wir bis hierher alles so gut überstanden haben. Jetzt wollen wir erst einmal ohne Angst vor Risiken unser gemeinsames Leben genießen. Der Anteil des Schatzes, den wir besitzen, wird für uns und unsere Familien bis ans Ende unseres Lebens reichen. Auch an meine liebe Freundin Eleanor, die in schweren Zeiten mein Fels in der Brandung war, habe ich gedacht. Ich erzählte ihr nicht die Wahrheit, sondern erfand einen reichen Onkel in Amerika, der mir finanziell „eine Kleinigkeit" vererbt hätte. Tim und ich begehren keine weiteren Reichtümer. Stattdessen brauchen wir Zeit für uns und unsere Liebe. Nur das ist wirklich wichtig im Leben. Denn darauf kommt es an.

Irgendwann werden wir wieder nach Ägypten fliegen und auf Schatzsuche gehen. Sollte der Schatz noch nicht gehoben sein, werden wir ihn als zufällig entdeckten archäologischen Fund melden. Denn der Rest des Schatzes, den wir in Abydos zurückließen, sollte dem Land gehören, in dem er liegt, und irgendwie gehört er ja auch noch ein bisschen der ganzen Welt.

Heute...

Wenn wir heute die Nachrichten und Medienberichte aus Ägypten verfolgen, lauschen wir jedes Mal insgeheim auf die Mitteilung, dass in Abydos vielleicht zufällig ein Schatz entdeckt wurde, was bisher jedoch offensichtlich noch nicht geschah.

Die Tragweite des unvorstellbaren Glücks, das Tim und ich hatten, als wir unseren Fund unentdeckt nach Hause transportieren konnten, wurde mir erst viel später bewusst, als immer wieder Fälle durch die Medien bekannt wurden, bei denen es auf ausländischen Flughäfen nicht so glücklich ablief. So schockierte mich zum Beispiel, wie ein Vater monatelang in der Türkei im Gefängnis sitzen musste, weil sein Kind am Strand einen Stein aufgehoben hatte, den es mit nach Hause nehmen wollte. Mein Gott, wieviele Steine und Muscheln hatte ich als kleines Mädchen in den verschiedensten Urlaubsländern gesammelt?... Eimerweise!

Bei Tim und mir war die Grundlage für ein sorgenfreies Leben geschaffen, mit dem Reichtum eines Mannes, der vor ziemlich genau fünftausend Jahren gelebt hatte.

Wer war dieser Mann?

Wer bin ich?

Sind wir Eins?

Sind wir ein „Ich"?

Warum fühle ich so, wie ich fühle?

Der Mensch ist nicht das höchste Maß aller Dinge. Ihm ist sein Ort angewiesen im Ganzen der Schöpfung. So war es früher, und so ist es heute. Es sind Schicksalsstunden des Herzens, wenn zwei Menschen sich finden, um sich ehrlich zu lieben und ein Leben lang zu respektieren. Wenn der eine seine Sehnsucht in die Ferne schickt, weil der andere mal nicht bei ihm ist. Sobald er ihn bei der Wiederkehr dann mit offenen Armen empfängt, wie die Strahlen der aufgehenden Sonne am Morgen, dann ist das Glück.

Wenn ich tagsüber denke, halte ich mein „Ich" für absolut real. Träume ich dann während der Nacht, und seien es noch so scheinbar arglose Träume, erkenne ich in ihnen mein „Ich" oftmals nicht wieder. Wenn ich morgens aufwache, frage ich mich manchmal, ob mein „Ich" nicht einfach nur eine Illusion ist.

„Erkenne dich selbst!" forderte schon vor zweitausendfünfhundert Jahren eine Inschrift am Eingang des Apollo-Tempels in Delphi den Besucher auf. Menschen studieren Philosophie, Theologie oder unternehmen Reisen nach Asien, um Gurus zu befragen und sich selbst zu finden.

Manchmal ist es aber schwer, die Menschen hinter den Mythen, die sie umgeben, zu erkennen. Umso schwieriger erscheint es, dass sie sich selbst wirklich und wahrhaftig, als das was sie sind, begreifen.

Es ist, als wäre in unseren Köpfen täglich ein ständig präsenter Geheimnissucher am Werk, um all die verborgenen Geheimnisse über das Leben, das Hier und Jetzt, die Vergangenheit und die Zukunft zu entdecken. Wir blicken uns um in unserer Welt und orientieren uns an anderen. Aber wir sehen nicht in uns selbst hinein.

Die Umgebung nehmen wir über unsere Nase hinweg durch unsere eigene Brille wahr. Tausend Sinneseindrücke, die wir in unser Bewusstsein aufnehmen, schaffen uns eine Wahrheit, die partiell und nur für uns selbst gültig ist. In unserer eigenen Welt empfinden wir uns als den unverrückbaren Mittelpunkt, und sind davon überzeugt, dass wir dieser Mittelpunkt im Gestern, Heute und Morgen sein werden. So gehen wir durch die Welt und sind zuversichtlich, dass wir uns eines Tages selbst finden und unser Selbst verwirklichen werden. Unsere Vergangenheit wollen wir unbedingt loswerden und wünschen uns, dass etwas Neues in unser Leben tritt. Aber wenn man die Vergangenheit verliert, weiß man nicht mehr, wer man ist. Dann ist der Weg zu einem neuen Anfang versperrt. Was ist, wenn du nicht bist, was du sein könntest und es vielleicht nie wirst?

Ich glaube, dass unsere Vorfahren darauf warten, dass ihre Geschichte entdeckt wird. Man braucht die Tore zur Vergangenheit, die für die uns Vorangegangenen die ewig dauernde Gegenwart ist, nur zu öffnen. Unsere Ahnen leben weiter in uns. Wir tragen ihre Erfahrungen in unseren Herzen, sowohl die positiven als auch die negativen. In unserer neuen Existenz haben wir diese Kenntnisse zu ordnen und zu verarbeiten. Wenn wir uns mit unseren Ahnen verbinden, kümmern wir uns bewusst um die Vergangenheit. Diese sollten wir in Ehren halten und sie wenn nötig, in ein anderes Licht rücken, um Schulden (Karma) einzulösen. Erst dann können wir uns aus karmischen Verkettungen lösen. Dann endlich schaffen wir es, die Vergangenheit hinter uns zu lassen, um befreit einen neuen Weg zu beschreiten und die eigene Zukunft selbst zu gestalten. Ich habe viele Jahre über meine Bestimmung nachgedacht und mir immer die Frage gestellt: Wer bin ich?

Heute weiß ich, dass die Frage lauten muss: Wer könnte ich werden? Denn ich habe die Möglichkeit, in eigener Freiheit selbst zu entscheiden, was aus mir werden soll.

Ich habe mich durch die Rückführungen, die mich in die Urzeit meines Ichs geführt haben, in mir selbst gefunden. Zwar bin ich keine Wissenschaftlerin, aber ich weiß jetzt, dass ich gestern war und heute bin. Im Morgen werde ich wieder sein, da bin ich mir sicher. Diese ermutigende Sicherheit beziehe ich aus meinen gemachten Erfahrungen in der Vergangenheit. Mein Morgen wird vielleicht besser sein als das Gestern. Denn durch das Wissen um die schrecklichen Erlebnisse in meiner Vergangenheit, habe ich das Trauma verarbeiten, und mit der Erfüllung meines Karmas beginnen können. Dieses Mal habe ich nicht, wie in Ammons längst vergangener Zeit, die zahllosen Reichtümer gehortet, bis ich daran erstickte. Heute ist es mir wichtig, auch mal etwas abzugeben. Nie mehr musste ich seither erleben, lebendig begraben zu sein. Das hat mich befreit und macht mich grenzenlos glücklich! Endlich habe ich das Gefühl, dass meine Zukunft in meiner Hand liegt.

Heute weiß ich, dass es viele kleine Inseln der Vernunft in einem Meer von Wahnsinn auf dieser Welt gibt. Ob es uns Menschen Trost sein kann, weiß ich nicht. Ich hoffe nur, dass das Verhältnis nicht so umschlägt, dass der Wahnsinn eines Tages alles überrollt, denn die Zeichen der Zeit scheinen immer öfter so zu stehen, dass sie auf das Schlimmste hindeuten. Aber ich bin mir sicher, dass auch dann das Denken nie aufhört.

Im Leben ist das Ende nur der Anfang.

Kassandra Kissinger

Inhaltsverzeichnis

Schlechte Träume   5

Leben und Sterben als Hexe   18

Klimawandel   31

Der Heiratsantrag   35

Nicht standesgemäß   40

Schafott   45

Ende in Ägypten   60

Spuren in Paris   64

Heim nach Ägypten   71

Plötzlich reich   89

Heute   98

Inhaltsverzeichnis   102

Fazit   104

Ich weiß nicht mehr genau,

wie es gekommen.

Kurzum! Nach längerem Verborgensein,

hab ich dereinst auf Erden Platz genommen,

um auch einmal am Licht

mich zu erfreuen.

Wilhelm Busch

Fazit:

Gott hat dem Menschen den Verstand gegeben.
Der Mensch allein trägt die Verantwortung dafür,
wie er selbst seinen Geist einsetzt.

Glück im nächstem Leben
hängt von der richtigen Handlungsweise im hiesigen Dasein ab.
Nach dem Prinzip von Ursache und Wirkung
ist somit jedes Individuum selbst verantwortlich für seine
eigene Situation.

Das ewige Leben ist für den Menschen nur ein Traum.
Denn ohne das Ende verlöre das Leben seinen Sinn.

Kassandra Kissinger